史料纂集

慶長日件録　第一

舟橋明賢氏所藏

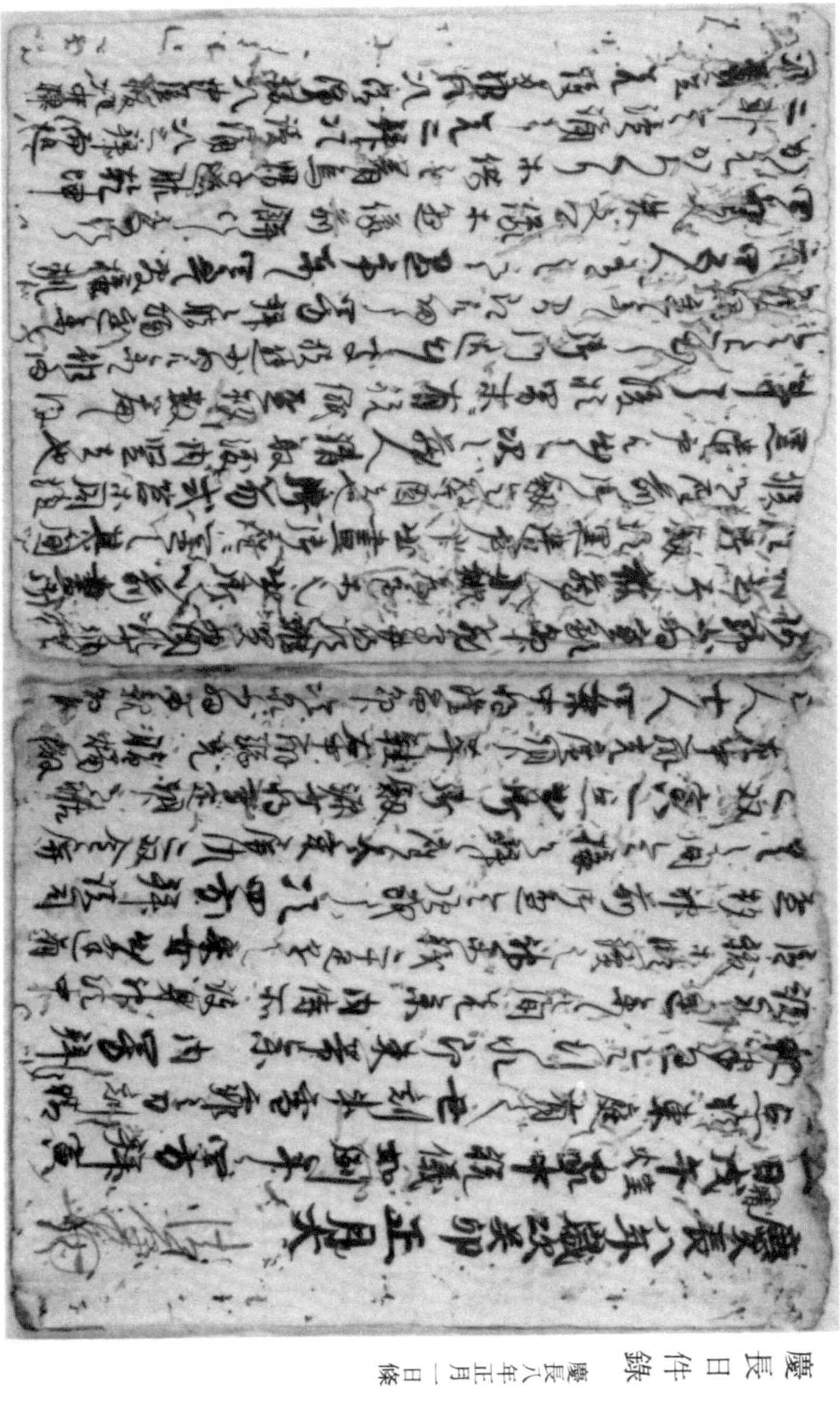

慶長日件録

慶長八年正月一日條

凡例

一、史料纂集は、史學・文學をはじめ日本文化研究上必須のものでありながら、今日まで未刊に屬するところの古記錄・古文書の類を中核とし、更に既刊の重要史料中、現段階において全面的改訂が學術的見地より要請されるものをこれに加へ、集成公刊するものである。

一、本書は式部少輔舟橋秀賢（天正三一五七五年生、慶長十九一六一四年六月二十八日卒）の日記で、その原本は舟橋家に傳へられてゐたが、現在、慶長八年・九年・十年・十八年が存してゐる。このたび刊行に當つては、右の原本と東京大學史料編纂所所藏の影寫本を底本とし、財團法人前田育德會尊經閣文庫所藏本を校合に用ゐた。

一、本日記は、慶長五〜十三、十五、十六、十八年で、年によつて缺月の卷もある。刊本は全二冊を豫定し、その第一卷たる本册には、慶長五年より同十年までの日次記を收めた。

一、校訂上の體例については、本叢書では、その史料の特質、底本の性格・形態等により必要に應じて規範を定めることがあり、必ずしも細部に亙つて劃一的統一はしないが、體例の基準は凡そ次の通りである。

凡例

1 飜刻に當つてはつとめて底本の體裁を尊重する。
2 文中に讀點（、）および竝列點（・）を便宜加へる。
3 底本に缺損文字の存する場合は、その字數を測つて□ ▯ ▒で示す。
4 校訂註は、（ ）をもつて括る。
5 人名の傍註は、原則として毎月その初出の箇所にのみ附する。
6 上欄に、本文中の主要な事項その他を標出する。

一、本書の飜刻に當つては、便宜次の諸點につき原形を改めた。
1 年の替り目は改頁とし、月替りは前月の記事のあとに行間をあけて續けた。
2 底本に用ゐられた異體・略體等の文字は、原則として正體若くは現時通用の字體に改めたが、字體の甚しく異るもの、或は頻出するものなどは底本の字體を存した。本册において特に底本の字體を存したものの主なものは次の通りである。
哥(歌)　帋(紙)　飡(餐)　刁(寅)　祢(禰)　弥(彌)　劦(州)
3 底本の用字が必ずしも正當でなくても、それが當時一般に通用したと思はれるものにはあへて註を施さなかつた。

一、本書の公刊に當つて、舟橋明賢氏御夫妻、同母堂、東京大學史料編纂所及び尊經閣文庫は種々格別の便宜を與へられた。特記して深甚の謝意を表する。

一、本書の校訂には、山本武夫氏が専らその事にあたられた。また、尊經閣文庫常務理事太田晶二郎氏から種々の御教示を得た。銘記して深謝の意を表する。

昭和五十五年十二月

續群書類從完成會

目次

慶長日件録　第一

「（表紙）慶長五季庚子日件録」

（1オ）慶長第五暦歳次庚子

後陽成天皇御不例につき四方拜停止

吉書初

節會

正月小

一日、丙午　晴、　主上御不例、未快、然故、無四方拜、次家中祝義如嘉例、少内記賢好來、筆一對進之、次吉書、次朝山（幸綱）禮ニ來、五明三本進之、次飛鳥井（雅庸）右衛門督來義、五明五本給之、難波名字可切進由之間、承諾了、今夜有節會、奉行園頭中將基繼、公卿内弁西園寺《ヲトシ子リ》右大將實益卿、大炊御門大納言經頼卿、日野大納言光宣卿、廣橋大納言兼勝卿、万里小路大納言充房卿、坊

秀賢庭上にて見物す
試筆
朝鮮人竹溪詩を和す
國賢に年頭を賀す
意齋を訪ふ
倉開き
諸氏來賀す
竹田法眼を訪ふ
牛黄圓
中原師生等來邸
正親町天皇忌般舟三昧院にて供養を修す

城中納言盛長卿、葉室中納言頼宣卿、左大辨宰相資勝(日野)朝臣、右大辨宰相光豊(勧修寺)朝臣、少納言爲經(五條)、無出御、
予與中院入道素然(通勝)立庭上見物畢、宣命使就版之後、令歸宅了、
(1ウ)次試筆、東皇和氣徳無愆、自擧堯觴祝万年、」四始若今以詩比、羣臣可詠鹿鳴篇、朝鮮文士
竹溪和曰、聖戒三風與十愆、義皇日月葛天年、君臣慶會春元吉、樂唱都兪魚水篇、竹溪又進
詩云、春元吉日謹祝清原公吏部郎中、詩親唐代李　賦敵漢時揚　象笏朝金闕　銀章上玉堂
修身明○禮義　窮理立綱常　盛徳今如此　聲名万世彰、
次家君(國賢)ニ參、樽代三十疋、萱堂ニ種双瓶、小姉姬御料人筆貳對進之、次意齋(御薗)ヘ行、鵝目二十疋遣
之、
二日、晴、丁未　少内記來、如嘉例祝義、次倉開、次休圓來、香箸壹對進之、女房衆ヘ盞壹つ進
之、同子九次來、なつめ壹つ進之、意安(吉田宗恂)子彌十郎(吉皓)來、杉原一束進之、予竹田法眼(定白カ)ヘ禮ニ行、
五明五本令持參了、」
(2オ)三日、晴、到于夜雪、紹節來、帶貳筋進之、盞進之、次竹田宰相被來、牛黄圓一具給之、
四日、晴、微雪、掃部頭(中原師生)被來、双樽兩種給之、次差次藏人被來、黄鸝兩ヶ給之、次屛風張
之梅遊來、五明十本進之、次建仁十如和尚來訪、孔方兩ヶ給之、
五日、晴、微雪、今日、正親町院聖忌、於般舟三昧院有御經供養、導師、上乘院大僧正道

諸家を禮訪す
伏見宮貞清親王に讀書參候を約す
一雨齋妙佐死去
諸家を禮訪す
白馬節會
國賢腫物を病む
公家衆諸寺等參內して歲首を賀す

順、着座公卿、西園寺右大將實益・中山中納言慶親・左大辨宰相資勝、布招(施)取殿上人、阿
野少將實顯・予等也、同花宮役也、先於般舟院着座公卿殿上人等有齋、其後導師來而着座、晡
時歸宅、」
(2ウ)六日、晴、諸家へ禮ニ行、攝家何も御對面、於揚明(近衛)臨江齋(里村紹巴)出會、數刻及相談了、次參伏見(邦房親王)
殿、若宮(貞清親王)當年御六歳、御對面、可候御讀書之契約也、今夜一雨齋妙佐逝去、横大路百姓以
下、禮ニ來、
七日、晴、勸修寺亞相(光豐)へ禮ニ行、双樽兩種進之、嘉例也、次參聖護院宮(興意法親王)、次行盛方院(吉田淨慶)數刻
相談、次行今出川(國賢邸)、一雨死去之砌之躰、家君御物談(マヽ)、令落涙了、今夜節會、內辨、菊亭右 練スンヒ
キ 大臣晴季公、外卿(マヽ)、公卿、日野大納言輝資・花山院大納言家雅・中山中納言慶親・中御門
中納言資胤・藤宰相永孝(高倉)・三條西宰相中將實條、奉行、左中辨光廣(烏丸)・少納言爲經、今夜、
(3オ)家君雖」有召、依腫物不參、仍五條參勤也、有北陣、予帶弓箭・平胡簶、
八日、晴、寶壽院、爲毎歳嘉例雖來、大坂秀頼(豊臣)卿依御禮不來、次新安□周藏主禮ニ來、
九日、
十日、大雪、諸臣羣參、於清涼殿之西向御座敷有御對面、先於內ゝ、御連枝并法親王宮門
跡有御對面、次於清涼殿之西向御座敷、先九條殿(兼孝)・一條殿(內基)・鷹司殿(信房)・近衛殿(信尹)・二條殿(昭實)

良仁親王に候す
京極高次豊臣秀頼名代として參内す
軒下の井崩る
壬生孝亮來談
高嶋村百姓來賀
左義長
和歌御會始
細川忠興書狀來る
諸家を禮訪す
寶嚴院來賀

八於内々御對面也、次清花公・殿上人・六位藏人等也、次諸寺之長老以下參　内、泉涌（3ウ）寺・大德寺・二尊院・禪林寺・般舟院・智恩院・知恩寺・大雲院・廬山寺等也、」次予參親（良仁親王）王御方、有御通、

十一日、微雪、京極宰相（高次）參　内、秀頼卿爲御名代年始之御禮也、予從小瘡不參、

十二日、

十三日、晴、家君御節御出、鷹司殿・おちよ殿・隼人正・少内記・意齋等也、及大酒了、檐下井崩了、有出石、其石ニ瓶礙故也、

十四日、稱藏人（壬生孝亮）來談、高嶋百姓禮ニ來、

十五日、祝義如例、今夜禁中御左毬打、從小瘡不參、稱藏人參勤、」

（4オ）十六日、禁中御會始、題幸泰平逢幸逢泰平代云々、不參、

十七日、從羽與一（細川忠興）、書狀來、

十八日、行今出川殿へ、年始之印也、次行竹（竹田）法眼、夜半歸、今朝行中村式部少輔（一氏）、年始禮之義也、次東寺寶嚴院（空盛）來談、孔方三ヶ給之、

十九日、陰、

廿日、少内記來、春雨如絲、出題、令作詩竹溪・茶賢等也、從梶井宮（最胤法親王）、達磨贊可点進由、

最胤法親王より達磨圖贊加點を求めらる
宗惠意齋樗庵等來邸
寶壽院及び元賡孝亮等來邸
伏見にて忠興に三略を講ず
細川邸に滯留
歸京す
竹內門跡に孟子を講義す
中御門共房淸閑寺家を相續せしめらる
孝亮中院通勝國賢等を訪ふ
南禪寺悟心院及び聽松軒を訪ふ
意齋の弟子に雜談

被仰間、則令懸了、圖者慶雲院殿(足利義勝)御筆也、
廿一日、宗惠來、次意齋來談、次樗庵來、數刻相話、從羽與一使札來、
廿二日、寶壽院來、薦晚湌、元賡(秀賢弟)喝食來、稱藏人來談、」
(4ウ)
廿三日、從午刻、行盛方院、及夜半歸、
廿四日、到伏見、羽與一行、三畧一二枚令講了、
廿五日、羽與一ニ令滯留、平遠江(平野長泰)來談、
廿六日、巳刻從伏見令歸宅了、女房衆淸水寺ヘ參詣、次堀井、次參竹門主(良恕法親王)、孟子二卷御讀書、
廿七日、晴、從二條殿、以中御門(資胤)下爵腹男子(共房)、淸閑寺可有御相續、然者名字令反音可進由被仰下、則書付令持參處、無御對面、以調子越前(武俊)令進了、」次行稱藏人許、次也足軒(中院通勝)ヘ行、次入風呂、次參家君、
(5オ)
廿八日、樗庵來談、次行南禪寺語(悟)心院へ、烏子百枚遣之、沖長老(梅印元冲)持病發故、不及對談、次行聽松軒、鵝眼三ヶ遣之、
廿九日、雨、意齋ヘ行、意齋針弟子衆、可聞予雜談由也、次參家君、

二月大

周藏主來談
壬生孝亮と共に國賢邸に赴く

一日、乙亥 晴、周藏主來談、次祢藏人(壬生孝亮)へ行、次稱藏人令同道、家君(國賢)ニ行、掃部頭(中原師生)家君へ被來、被薦晩飡故也、」

高尾神護寺に詣す

(5ウ)
二日、晴、休意來談、五明十本惠之、次高尾ニ行、僧正(法身院眞海)へ昆布一束進之、普賢院・心蓮院・治部卿等五明三本遣之、蜜藏院へ昆布一束進之、吉澤泉藏等扇遣之、

三日、晴、普賢院へ晩飡ニ行、

北谷阿彌陀堂邊を遊歩す

四日、晴、僧正以下寺僧衆令同道、北谷阿彌陀堂之邊、遊覽ニ行、

高尾より歸邸

五日、晴、於蜜藏院、道戒梵網古迹講令聽聞了、午時、令歸宅了、明日御會延引之由、從勾當之御局(持明院基子)被告下候、次自平遠江守(平野長泰)使札來、

中原師生に職原抄授讀

六日、掃部頭被來、職原抄下卷文字讀也、次從平遠州使來、」

(6オ)
七日、

八日、行齋了、

九日、溝江大炊助方ヨリ名乘反ニ來、高雄へ家君御迎ニ與七郎遣之、

禁中御能延引

十日、壬生稱藏人來、従今日於　禁中可有御能支度也、雖然、内府家康(徳川)公末子御千若公依

徳川家康末子千若死去

死去、停止云〻、入夜、雪降、

鎰屋紹和に孟子を授讀す

十一日、晴、鎰屋紹和來、孟子令文字讀了、次須知來、年始之禮也、五明五本進之、

十二日、晴、入時正、持齋、

十三日、

遺教經聽聞

十四日、稱藏人令同道、遺教經聽聞參詣、次登舟岡山令遠見、晡時歸宅、

(6ウ)十五日、

十六日、

十七日、

十八日、

和漢聯句御會

十九日、禁中和漢御會、予執筆、

(7オ)
慶長六（×七）年

九月　是より慶長六（×七）年分也、

近衞邸を訪ふ

一日、參近衞殿（信尹）、終日、

冷泉邸を訪ふ

二日、行冷泉（爲滿）、

冷泉邸月次和歌會

七日、於冷泉、有月次會、兼日題、暮天聞雁、紅葉添雨、兩首當座十五首、予二首詠之、題、名所月、秋思、

攝家門跡を禮訪す

九日、攝家幷門跡參禮、先參家君（國賢）、

十日、從高尾、治部卿來談、

七座護摩法會

（7ウ）

十一日、從今日於氷室、治部卿七座護摩被」修之、

十二日、護摩見舞、行氷室、家君依御在住也、

細川家の婚儀吉日を選ぶ

十三日、從羽柴越中守（細川忠興）有使者、嫁娶日取所望之由也、使松田七左衞門也、蔭凉軒同途也、則撰吉日遣之、」

（8オ）

十二月大

一日、

禁中にて來年敍位女敍位等の習禮

二日、於禁中來年敍位・女敍位・淵酔等、有御習禮、揚明左府（近衞信尹）御執筆云々、敍位中文・勘

参內

文等內〻中院（通勝）入道・予等書之者也、辰刻參　內、

参內

近衛前久庭籠鷹等を獻上す

三日、參　內、昨日御習禮之時記錄次第等、見分取置者也、庭籠鷹、ツミ・エツサイ、龍山（近衛前久）御進上、則御持參也、庭籠美麗驚目者也、及夜聖護院宮（興意法親王）御盃進上、仍盃杓數扁、夜半退」出、

宮中煤拂

勅使を勤む

（8ウ）十日、御煤拂、參　內、入夜御髮上、勅使予也、亥刻退出、

歳暮家中祝儀

十一日、歳暮之祝義、家君（國賢）進晚湌、竹田法眼同樣、宰相（竹田）・意齋（御薗）等召之、內義竹田女房衆・隼人母・御弁・新大夫等被來、

和漢聯句御會

十二日、和漢御會、予執筆、參　內、御連數　照高院（道澄）准后・左大臣（近衛信尹）・日野新大納言（資勝）・中院（通勝）入道等也、五岳衆西笑（承兌）・有節（瑞保）・梅印（元冲）・集雲（守藤）・崇傳（以心）等也、發句御製、

雪おれの松や深山のをのゝ音

開戶曙天寒　西笑

梅印元冲及び以心崇傳ら秀賢邸に泊す

亥刻退出、梅印和尙・崇傳西堂、予宅一宿、明旦梅印薦朝湌、次百韵書之、」

（9オ）十三（日脫）、參女院、御煤拂也、

舟橋と改稱せしめらる

（9ウ）廿四日、參揚明（近衛信尹）處、廣橋大納言（兼勝）・勸修寺宰相（光豐）、御前有之、秀賢堂上之事、以兩人御披露之」

處、御免由兩人被申、則稱号舟橋可稱之由仰也、稱号代々高倉雖相搆、高倉他家有之、紛敷被思召之由、如此被改者也、

改稱の御禮に參內す

廿五日、未刻參　內、議定所之奥於御對面所、御禮申畢、御引直衣也、中次　廣橋大納言、(10オ)御樽三荷三種進上、祝義計也、女院(新上東門院)同三荷三種進上、何も廣橋・勸修寺」兩人被添、青侍從御局進之、」

(11オ)(慶長七年)

二月小

中院通勝來邸

一日、晴、甲午　中院入道(通勝)來談、五明三本被惠之、年始祝義也、侑一盞、次參家君(國賢)、

元冲來談
參內

和漢聯句御會

二日、晴、語(悟、下同ジ)心院冲長老(梅印元冲)來談、双樽兩種給之、年始祝義也、一盞侑之、次從召參　內、除目中文等人數可書定之由也、然共、語心院冲長老、依參　內、則和漢一折俄御興行、御發句御製也、

吹ぬ間も春風なひく柳哉

暖園朝露清　左大臣信尹(近衛)

霞浮埋蝶路　梅印語心院」

（11ウ）

人けまれなる野邊の遠近　六條宰相（有廣）
かけつくす田面の水の月澄て　鷲尾宰相（隆尚）
砧幽夢不驚　御製
秋深郷思切　予

廣橋兼勝德川家康贈與の鷹の鴈を秀賢等に饗す

人數此分也、申刻退出、今日午、廣橋亞相（兼勝）可被振舞内々所被示也、然共、依參　内不可參由、遣使者畢、申刻令退出處、廣橋客人衆無退散由傳聞間、卽向彼亭畢、從内相府（徳川家康）鷹之鳫十被拜領、其振舞也、及深更令歸宅、沈醉、」

（12オ）三日、入時正、雨、

四日、雨、

中原師生を訪ふ

五日、雨、及晩晴、行大外記（中原師生）、有一盞、及深更歸宅、

六日、

九條邸にて大學を講ず

七日、晴、於九條殿（忠榮）御方御所大學講之、今日初度也、序分講之、花山院少將殿（忠長）令同道畢、

着到百首詠進の觸あり
參内
除目申文等の習禮

八日（九日ヽヽ）、雨、早旦、御着到百首可令詠進由有御觸、則參勾當御局（持明院基子）、御理種々雖申入、爲稽古（12ウ）是非可令詠進由、重而被仰下間、加奉畢、次依召參　内、揚明（近衛信尹）」御參也、仍除目之申文等爲御習禮、内々可調之旨仰也、仍中院入道殿（通勝）・頭辨（烏丸光廣）・左少辨（廣橋總光）・予等書之、亥刻退出、

九條邸にて大學を講ず

九日、晴、酉刻、參九條殿大學講之、于花〻〻花山院少將殿令同道、

十日、晴、中院入道亭初卯短册一讀興行、伯雅朝（白川）卿・中御門中納言資胤卿・烏丸頭辨光廣

（13オ）朝臣・阿野少將實顯朝臣・」毘沙門堂還俗 左少辨總光（廣橋）・飛鳥井侍從雅賢・四條侍從隆致（昌）・難波侍從宗勝・

中院侍從通村・予・三級等也、廿五首之題也、各二首宛也、入道殿迄三首也、」

（13ウ）

（空白）」

（14オ）

三月」

家康を訪ふ

（14ウ）五日、伏見へ内相府（徳川家康）御見舞ニ行、則御對面、

六日、陰、冷泉（爲滿）より預物取ニ來、則皮籠四ツ渡之、書状到來也、」

（15オ）

十二月大

一日、

山城方廣寺大佛燒く

四日、大佛燒失、

（15ウ）

（空白）

（表紙）「金神　子丑申酉　　青源秀賢

積年、七兆令七万令九百十九

自天元甲刁以來至慶長八年癸卯、二兆七億六万二千令卅也、

慶長第八暦歳次癸卯　　日件錄」

慶長八年歳次癸卯正月大　　（朱書）清原（花押）

（1オ）

家中祝儀
參內
護身神法
中臣祓
四方拜

一日、晴、戊午火室 家中祝儀如例年、四方拜、寅一點、於東庭有之、丑刻計雪霏ヽ、刁刻晴了、夜半過令行水、卽束帯、參　內、四方拜諸司遲參之間、先參內侍所、護身神法・中臣祓等修讀之、神樂錢二十疋進之、釆女出逢有盃杓、神前御盃令頂戴了、次四方拜、諸司具之間、令搆御拜之座、太宋屛風二双・金屛三双、寅一點出御、御劒源少將重定（庭田）朝臣、御裾頭

四方拝脂燭役遅参
秀賢邸内の儀禮
四聖人及び朱子像を懸く
乾坤二卦
護身神法
清淨祓
中臣祓
中津祓
下津祓
上科津祓
三元咒
佛法護身法九字
眞言
文殊經
荒神經
吉書
昨夜禁中歳暮御禮あり
秀賢その報を得急ぎ參內す
國賢に賀す

左中辨光廣(烏丸)朝臣、草鞋右中辨總光(廣橋)、脂燭殿上人七人、四條中將隆昌朝臣・冷泉少將爲親朝(1ウ)臣・」阿野少將實顯朝臣・飛鳥井侍從雅賢・西洞院少納言時直・予・稱藏人小槻孝亮等也、出御以前、晝御座御劒從黒遣戸申出、晝御座ニ置之、其間候御座前、御劒令警固者也、御笏・式筥等同從黒遣戸被出之、次之藏人請取、渡內豎者也、事了後、於男末ニ有祝儀、盃杓數篇之後、令退出了、御門退出之處、猪熊少將(教利)被參之、雖爲御脂燭、遲參之間、卽被歸了、四方拜御脂燭遲參之衆四五人有之云々、愚亭東之四疊敷搆机、四聖人・朱文公像等懸、像前餅・ひしはなひら・かえ・かちくり等供之、着烏帽子・道服、乾坤二卦令讀誦了、先(2オ)二拜、次讀誦、次二拜而進、次看經、先護身神法、次清淨秡、次中臣秡、次中津」秡、次下津秡、次上科津秡、次三元咒等令讀誦、心中日本三千余座令勸請、天下泰平・朝延(廷)平定之祈願被申者也、次佛法護身法九字、次諸眞言、次文殊經・荒神經令誦了、次吉書、

天下泰平、四海安全、財寶充屋、官位如心、學及大儒、智能中道、孝濕顏巷、德排孔門、

　吉書之書樣、右之文四行ニ書之、年号月日書之、歳德殿、

昨晩、內々衆者歳暮之御禮ニ被參、於龍御三間奉拜(×拝)　龍顏云々、予不知案內之間無其心得、從富小路(秀直)被告知之間、倒履參　內、與各同拜　龍顏了、

未刻、家君(國賢)へ年始之祝儀申令參了、足袋壹足進之、東向へ兩種双瓶、拙妹姬御料人へ筆二

政仁親王及び新上東門院に年頭を賀す

禁中御盃

女御殿に候す

般舟三昧院にて正親町天皇忌供養參勤を内示さる

故障あり不參の旨を廣橋總光に通報す

參番

（2ウ）
對」進之、羹相伴、有盃杓、次意齋(御薗)へ兩種双瓶遣之、及晩、親王(政仁親王)御方へ年始之御禮ニ内々衆各被參之由、從廣橋亞相(兼勝)被示之間、則令參處各有御盃御通、其儀　禁中如御盃、次參女(新上)院(東門院)、是又有御盃、其儀如親王御方、次參　禁中御盃、亥初刻計歟、御盃ニ被參候衆有着到、人數廿六人有之歟、御盃之儀、先女中有御通、次男衆各天杓、御座之下段之傍ニ小盃あかはらけにて居三方有之、中ニ少々有濁酒、御通給、退出候刻、件小盃令拝領式頂戴者也、天盃之心歟、次退出、次意齋被來、香筋ニ被惠之、

禁中御盃次、參女御殿(近衛前子)、有御對面、御盃拜領、次勾當局(持明院基子)へ參、御前隙入由之間、右京大夫被出逢、有盃杓、」

（3オ）
二日、己未、晴、早起行水、次聖人像前乾坤二卦令誦如昨日、次看經如昨日、次家中祝義、次右中辨(廣橋總光)、來五日於般舟院奉爲正親町院聖忌可有御經供、早々可令參勤之由、内々被示之、仍出納(平田職清)方へ一通遣之、

　來五日於般舟三昧院奉爲正親町院聖忌可有御經供、早々任例可致申沙汰之狀如件、

　正月二日、式部丞(秀賢)判、

　　出納殿、

如此認之、予從有故障之義、次之藏人へ參勤候事可被申遣由、廣橋辨(總光)へ申遣處、被得其意由返答也、次從飛鳥井侍從(雅賢)帶壹筋被惠之、今日當番也、番頭　万里小路大納言充房卿、光豐卿(勤修寺)不參、菊亭黑丸(今出川宣季)、敎利(猪熊)、予等也、午刻參番、未刻被召御前數刻伺候、次親王御方參御盃、從當番女院御盃不參、次禁中御盃

中原師生より祝儀を贈らる

也、御盃終後、於申口扇拜領也、予等同拜領、○次從中大外記(中原師生)兩種一樽被惠之、

庚申待
平野長泰來邸
二條昭實を禮訪す
近衛信尹に祝儀を贈る

三日、庚申 晴、昨日御番衆於男末有一獻、次退出、次行水・看經以下如昨日、家中祝義如例年、次近衛殿(信尹)へ爲祝義二荷三種進之、從有御神事子細無御對面、明日可」(3ウ)參之由也、次二條殿(昭實)へ御禮ニ參、御對面也、數刻御雜談有之、次平野遠江守(長泰)來、杉原二束・鵝目百疋給之、卽酺一獻、其後伏見へ被歸了、次參御盃、先親王御方、次女院、次禁中、今夜庚申也、庚申ニ參內申付たる衆者卽可致伺候之由被仰、仍、伯二位(雅朝)・鷲尾宰相(隆尚)・左馬頭(五辻之仲)・正親町三(實有)條・四辻少將(季繼)・左衛門佐(富小路秀直)・○猪熊(敎利)・中院侍從(通村)・廣橋右中辨(總光)・予等參 御前、丑下刻退出、午刻珠三禮ニ來、五明二本・牛黃圓一貝惠之、

珠三來邸
牛黃圓
鷄冠井村庄屋百姓來賀す
攝家等を禮訪す

四日、辛酉 鷄冠井村庄屋百姓共禮ニ來、庄屋(二郎左衛門)鵝眼二十疋進之、昆布二束惣百姓中より進之、庄屋二郎左衛門ニ扇三本遣之、殘百姓共扇二本宛遣之、次攝家方へ御禮ニ行、先九條殿(忠榮)御方御所、御對面、次近衛殿政所殿へ參、御留守也、次鷹司殿(信房)へ參、御對面、次一條殿(內基)・伏(邦房親王)見殿へ參、御留守也、次竹內門跡(良恕法親王)へ參、御對面、數刻御雜談、次大聖寺殿(惠仙、後陽成院皇女)へ參、御對面、諸家引付所〻付之、及黃昏歸蓬蓽、酉下刻雨降、曙天吹晴畢、

聖護院等を禮訪す
中院通勝に清原宣賢筆惟清抄を貸與す

五日、壬戌 晴、午時參聖護院宮(興意法親王)、富小路(秀直)出逢、有盃杓、次富小路令同道入江殿(昌隆尼)・光照院殿(尊英尼)へ參、各御對面、次法廕院殿へ參、次近衛殿政所へ參、御對面、次也足軒(中院通勝)へ行、筆二對進

横大路村庄屋百姓來賀す
女院御所に參候す
郡村百姓等來賀す
竹田法眼を訪ふ
參番
甲子待
參內
秀賢母來邸
大元帥法修行

（4オ）之、次」惟清抄自舊冬御懇望之間、予高祖父環翠軒（清原宣賢）直筆本令許借者也、申刻計歸蓬華、御
京従伏見歸宅、及晩雪少霏々、
六日、癸亥　晴亦陰、微雪、横大路庄屋長介・惣百姓禮ニ來、長介餅鏡一重進之、源介牛房
二把進之、定（×庄）使彦衞門大根壹束・牛房壹把進之、惣百姓中より大根五束進之、九衞門有指
合不來候、鶴壽丸令對面、長介・源介ニ給盃、從此方長介ニ帶貳筋、源介扇三本、殘百姓共六人ニ扇
二本宛遣之、次女院千秋万歳參內之衆不殘被召、有御振舞、御前御通三獻、謠以下有之、
如形大酒也、酉下刻令退出了、郡村百姓・庄屋禮ニ來、庄屋鵝眼十疋進之、百姓兩人五明
壹本宛進之、從此方、庄屋扇三本、百姓兩人ニ貳本充遣之、次竹田法眼ヘ行、墨一挺遣之、
周防房・同宰相墨一挺充遣之、數刻令雜談了、
七日、甲子　晴、家中祝義如例年、次御番ニ參、御盃ニ參、今夜甲子待也、被召衆、入道（中院通勝）
侍從中納言・正親町三條實有・左馬頭之仲・四辻少將季繼・阿野少將實顯・中院侍從通
村・予等也、丑下刻各退出、予卽宿、亥刻計雨降、卯刻晴、」
（4ウ）八日、乙丑　陰、今日、嵯峨寶壽院例年雖來、今日大阪ヘ下向之故、無其義、巳刻參　內、
明日羣參被取置（×故　也）之故也、母堂御出、予禁中有御用也云々、串柿壹把給之、大元護摩醍醐松（無量壽院堯演）
橋被修行、御撫物於殿上渡之了、新內侍局從臺盤所妻戸被出也、

禁中惣參賀

九日、丙寅 晴、惣參賀也、先門跡、次攝家、次淸花外様衆、次諸寺、淨幸院・二尊院・淨金剛院・般舟院・廬山寺・禪林寺・常樂寺・淨教寺・大超寺、以上九ヶ寺也、寺ゝ雖有勝劣、近年は早參次第也、今日早參之次第如右、予內ゝ書付之、多分壹束壹本進上也、申刻計親王御方へ參、因各參賀也、

大佛師來訪す

・大佛師大藏卿被來、五明五本給之、次知範被來、兩銀之扇二本給之、差一獻了、

梅印元冲來邸
伏見に徳川家康を禮訪す

十日、丁卯 晴、語(悟、下同ジ)心院(梅印元冲)冲長老被來、青銅兩ヶ給之、則出逢、雖令請入方ゝ禮ニ被行間、則被歸了、次伏見內府公(徳川家康)へ年始之禮ニ參、未刻計御對面、御太刀令持參了、數刻有」(5オ)御雜談、及黄昏令歸宅了、

悟心院に赴く
元廣に會ふ
中院通勝來邸

十一日、戊辰 晴、午刻以後陰、廣橋殿(總光)番代ニ參、早ゝ南禪寺語心院へ行、長老他行也、廣侍者(元廣有雅)出逢有之、老咳嗽氣之間、全齋(施藥院ヵ)へ一藥令所望、服用了、及晩中院入道(通勝)也足軒芳問也、五明貳本給之、入夜雨、

參番
御物周易を國賢に披閲せしめらる

十二日、己巳 陰、飯後參番、午刻參御前、周易本共取出了、卽大藏卿(舟橋國賢)ニ可令一覽之由仰也、晩飡於御前賜之了、家室御靈・北野へ參詣、

國賢邸出入衆を招く

十三日、庚午 陰雨、辰刻自番退出、今出川殿衆、全齋・意齋・徳庵隼人入道・新大夫・徳庵母・竹田法眼女房衆等御節ニ請入者也、未刻各歸宅、

大元帥法結願
照高院等を禮訪す
政仁親王及び女院に候す
參內
三毬打
覆御簾
家康を禮訪する者多し
諸門跡諸寺院等家康を禮訪す
參番
長恨歌一字板

十四日、辛未晴、早朝參　內、今日大元護摩結願之故也、巳刻阿(×令)野少將令誘引照高院殿(道澄)へ參、御對面有御盃、次妙法院殿(常胤法親王)へ參、御對面、次曇華院殿へ參、御腫物之故無御對面、於御局許有盃杓、申刻歸蓬蓽、

十五日、壬申晴、家中祝義如嘉例、及黄昏、親王御方へ御盃ニ參、左毬打有之、御吉書予出之了、其儀如禁中、次女院へ參、」(5ウ)御不例之故無御盃、次參　內、御盃之衆十五六人、次左毬打、於清涼殿前東之庭有之、修理職御下部等沙汰之、予兼而構御座、其義書御座疊一帖を取出、階間御簾ニ傍(マヽ)敷之、太宋屛風一双を疊之遶ニ立之、□北二間御格子之下を不取、南第一間御格子之本を取、以上五間之内階間南第一間御格子本無之、其外三間格子下置之、御簾を御格子之下之外へ垂也、これををほひみすと云也、出御之後吉書を出給、南第一間御簾之下より出御也、予給之、渡修理職、修理職左毬打之内ニ挿(插カ)之、硯箱蓋持來時御前臘(蠟、下同ジ)燭拔取遣之、左毬打火を付て後臘燭持來、則取而燭臺ニ指、入御之後、三毬打竹長半間許なるを三本申口より進之、勾當內侍令請取給、子刻許退出、

十六日、癸酉晴、伏見內相府家康公へ羣參也、予先日御禮申故不參、

十七日、晴、諸門跡・諸寺院內相府へ禮也云〻、飯後參番、長恨歌一字板於御前鷲尾・中院入道・予等撰並畢、

高尾神護寺に參詣

栂尾市瀨村に神事能あり

平野長治來邸す

栂尾に詣す

明惠忌
松井宗溫來邸

廣橋兼勝家康より鷹の雁を拜領し秀賢等を饗す

參內
白氏文集五妃曲新摺の勅命を細工衆に申渡す

女院參內して歳首を賀す

勅使廣橋兼勝家康に將軍宣下の內勅を傳ふ

十八日、晴、飯後時分自番退出、巳刻高尾（山城國葛野郡）へ登山、性院（秀賢弟）へ串柿貳把進之、法身院（眞海僧正）へ昆布貳
束、地藏院へ昆布壹束、密藏院へ昆布貳束、普賢院へ墨壹挺、永純ニ扇貳本、仙藏ニ扇貳
（6オ）本、圓光ニ扇壹本、中將ニ墨壹挺、槇尾乘印律老ニ」墨壹挺、栂尾門前市瀨村有神事能云
ゝ、平野大炊入道上洛、樽代三十疋給之、予高尾有之間、不能對顏也、
十九日、丙子 晴、自密藏院棚子三・記錄箱一法身院へ取下畢、午刻栂尾春日へ參詣、今日
明惠上人正忌也、明惠影開帳拜敎、及晚歸京、予留守松井宗溫來、唐墨貳挺惠之、
廿日、丁丑 晴、早朝從廣橋大納言（兼勝）有使者、從內府鷹ノ鳫拜領、朝飡可給云ゝ、被令領掌向
彼亭、入夜歸蓬蓽、今朝飛鳥井金吾（雅庸）來、明求上紙壹束・扇五本給之、曉天雪降、
廿一日、戊刁 朝微雪、晴、巳刻參 內、白氏文集之中、上陽人・凌園妾・李夫人・王昭君詩
四五首、長恨哥傳等、五妃曲ト名て被撰拔、以一字板百部被新摺、細工之衆ニ予申渡者也、
今日、女院年始爲御禮御成、仍有御一獻、爲其召男衆万里小路大納言（充房）・中院入道中納言・伯
二位・鷲尾宰相・五辻左馬頭・正親町三條少將・四辻少將・左衞門佐（富小路秀直）・熊隈少將（マヽ）・万里小
路侍從（孝房）・中御門右衞門佐（宣衡）・中院侍從（通村）・予等也、於男末有御振舞、及黃昏退出、今日、廣橋
大納言爲勅使伏陽內相府許へ被向、家康公 征夷將軍ニ可被任之由、內ゝ仰也、今日內府
領掌ト云ゝ、來月可有宣下由也、從內府廣橋大納言小袖一重・黃金三枚拜領ト云ゝ、入夜

冷泉爲満を訪ひ三光院聴問の源氏物語抄を披閲す
國賢に易學のことを訊ぬ

向冷泉爲満朝臣許、三光院聴聞書源氏之抄被修補之次令一覧畢、内府公御本也、次今出川(國賢邸)殿へ參、數刻御雑談、御易學進之有御覺悟、尤之由申入處、万事御忘却之由也、爲家笑止千萬歟、」

參番
中原師生及び平田職清來邸
國賢借覽の周易類を返進す
本筮儀及び圖暦を進覽す

(6ウ)廿二日、己卯 晴、掃部頭被來、次出納將監(平田職清)來、午刻參番、先日老父ニ被見下周易本注三册、正義幷抄・朱憙注本・纂注卜筮元龜等返上申者也、予本筮儀幷圖暦等令借進了、槇尾平等眞王院律僧乘印被來、茶筅一ッ給之、

家康を禮訪す
城昌茂及び細川忠興を訪ふ

廿三日、晴、内府公爲御見舞伏陽ニ行、申刻懸御目、碁打共被召有碁、次城織部(昌茂)許へ行、銀扇二本遣之、次長岡越中守忠興之許へ行、菓子之折進之、他行也、牧左馬允(興相、忠興家臣)ニ申置、令歸京、

家中愛宕參詣
法身院等來邸
參内
當座御會始
屏風奉行を勤む

廿四日、晴、家中男共愛宕參詣、法身院入來、薦一盞、家君御出、楪笠給、次賀茂藤木(則直)五左衞門・同源七(佳直)來、五明貳本進之、次從召參 内、御屏風之置所被仰付、藤宰相(高倉永孝)・予兩人屏風奉行也、御屏風共取聚入置者也、及黄昏退出、

北野社參詣
全齋の饗に赴く

廿五日、雨降、北野天神參詣、全齋晩飡於今出川殿へ被進、予亦向之畢、次從廣橋大納言、明日七觀音御代官參也、可得其意由被觸者也、治部卿一宿、

七觀音に代參の衆

廿六日、晴、於廣橋大納言亭有朝飡、七觀音參詣之衆、中御門中納言資胤卿・四辻少將季

繼朝臣・猪熊少將教利・松木少將宗信・中院侍從通村・高倉侍從嗣良・予等七人也、先河

（7オ）

薬師代參の衆

崎之」觀音へ參詣、今者仰本院之中ニ有之、次革堂、次中山、次長樂寺、次清水寺、次六波羅密寺、次六角堂、未下刻各下向、散錢二十疋充也、但清水寺三十疋也、晩飡於廣橋大納言亭有之、各精進、藥師御代官參詣衆同於廣橋亭有朝飡、亭主・万里小路大納言・伯二位・藤宰相・平宰相（西洞院時慶）・三條（三條西）宰相實條卿・鷲尾（隆尚）宰相等也、

參番
秀賢室清水寺等參詣

廿七日、甲申 晴、參番、入夜大風、家室清水寺・祇園等參詣、

禁中屏風修補の處置をなす

廿八日、日出比微雪、藤宰相令同途勾當局へ參、御屏風修補之事伺申處、修理職ニ可申付由被仰出、仍修理職へ預、万里小路・庭田兩殿へ申遣處、他行也云々、稱藏人（壬生孝亮）・大外記（中原師生）等

將軍宣下宣旨案を見る
良恕法親王を訪ふ

來談、將軍宣下宣旨案等被見、愚存之通少々令異見者也、次曼殊院宮（良恕法親王）ニ參、有晩飡御相伴、及黄昏入風呂、

二月三日當座和歌御會の觸

廿九日、丙戌 晴、

春風草又生、水石歴幾年、右御題、來月三日可令詠參給、同可有御當座旨被仰下候也、

正月廿八日 光豐（勸修寺）

廣橋大納言殿・入道藤侍從（中院通勝）中納言殿・伯二位殿神事子細候、可得御意候、・平宰（西洞院

（7ウ）

時慶）相殿・六條（有廣）宰相殿所勞之子細候、可得御意候、・」三條宰相（三條西實條）中將殿・右衞門督（飛鳥井雅庸）殿・鷲尾宰相殿・頭辨（烏丸光廣）殿・水無瀬（氏成）中將殿・左馬頭（五辻之仲）殿・阿野少將殿・四辻少將殿・左衞門佐（富小路秀直）殿・飛鳥井侍從（雅賢）殿・猪熊少將

殿・藏人式部丞（舟橋秀賢）殿、如右廻文被觸、

勸修寺宰相御會奉行也、加奉了、次御屛風破損之分修理職ニ相渡、櫻舞二双ハ骨以下新調、事外破損之故也、次勸修寺宰相五旬昨日迄也、仍見舞ニ向彼亭、諸白桶壹つ・鰹二連令持進、對面有杯杓、次友竹子息太郎左衞門方ヨリ年始之爲祝義縮巻物一段・鰹五連給之、女房衆方へ皮足袋一足・串柿一把惠之、

勸修寺光豐五旬光豐を訪ふ

卅日、丁亥　及晩也足軒へ行、

中院通勝を訪ふ

二月大

一日、戊子　晴、內相府（徳川家康）爲御見舞伏見ニ行、未刻御對面、及黄昏令歸宅、平遠州（平野長泰）方ヨリ書狀到來、年筮書付遣之、

家康を伏見に訪ふ
平野長泰書狀至る

二日、雨降、番ニ參、右大辨宰相（勸修寺光豐）・猪熊（敎利）・水無瀨中將（氏成）・予等連哥一折令吟、

參番
連歌を吟行す

三日、和歌御會也、巳刻參　內、懷紙之題二首、春風草又生、

當座和歌御會

霜雪のふるき草根も春風に又もえいつる野への色かな　秀賢

（8オ）水石歷幾年、

龜のおの山の岩根をうつし來ていく世かすめる庭の池水　同

御製
國賢を訪ふ
爲滿及び通勝を訪ふ
初卯法樂
二條昭實室卒す
細川忠興女の年筮を遣す
國賢朝食振舞
參番
國賢易傳授式を獻上す
藻鹽草進覽
卜筮元龜返進
御靈社舞興行
中原師生及び花山院忠長を訪ふ
良恕法親王より文選表注を借覽す
菅原道眞注東坊城和長自筆

御當座五十首、予探得、山家松、田人の跡絶ぬれは山松の嵐のみこそ敲く柴戸
御會終後有御連歌、予非御人數、小川坊城俊昌番代ニ參宿、番衆四・五人終夜和漢五十韻
令吟、
後聞御製　かれし野の朝けの風もいつしかに春めきわたる野への若草
　さゝれ石岩となりていく代へむをちそふ露のたえぬなかれは
四日、辛卯　晴、家君(國賢)參、次冷泉(爲滿)へ行、次中院入道(通勝)也足軒許へ行、今日初卯法樂也、有當座
二十首、予探得、遠梅題、及黃昏歸蓬蓽、留守ニ屛風張梅友來、茶筅二ツ進之云々、
五日、壬辰　陰、二條殿(昭實)御簾中遠行云々、曉天雪寸許、豐前長岡越中(細川忠興)息女年筮認遣之、
六日、晴、家君亭有朝飡、家中悉相向之、
七日、甲午　飯後參番、易傳授式、家君新令書寫給、御進上、以新典侍殿(廣橋兼勝女)申入了、其次藻鹽
草全部借進、次卜筮元龜兩策返上了、終日候御前、
八日、乙未　於御靈御旅所自一昨日有舞、大夫かさや、家君全齋令同道聽聞行、晡時歸宅、
則薦晩飡畢、次中大外記(中原師生)許行、將軍宣下近之間爲見舞也、次花山院殿(忠長)へ參、數刻令相談、次
(8ウ)從竹內門主(良恕法親王)、」文選表注被借下、東坊城和長自筆也、天神御註也、所々被加愚解、此愚解和
長作歟古人之作歟、不知之、次飛鳥井新宰相(雅庸)來談、明夜參議之奏薦可有之云々、然者予中

本邸
飛鳥井雅庸來邸
秀賢嫡男病む
國賢來邸し揲筮す
飛鳥井雅庸參議奏薦
秀賢申次を勤む
參番
鶴壽丸は疱瘡
中院通勝來邸し藤原定家筆跡につき談ず
家康右大臣に任ぜられ征夷大將軍源氏長者淳和奬學兩院別當となる
秀賢等伏見に赴く
廣橋兼勝等伏見に赴き宣旨を傳ふ

次可令參之由被命、則令領掌畢、嫡男(鶴壽丸)少病惱、熱氣也、全齋一藥被調合給之、
九日、丙申　晴、家君御出、令揲筮給、今夜飛鳥井新宰相奏薦也、戌刻向彼亭、予申次也、
仍出門已前急參　內、相待者也、舞踏後淸涼殿西面上段於御座敷有御對面、登長押被拜
龍顏畢、亥下刻歸蓬蓽、次自全齋尊圓手本一卷來、正筆不審、
十日、丁酉　晴、稱藏人(壬生孝亮)來臨、巳刻參番、伯二位(雅朝)代也、
十一日、戊戌　晴、嫡男煩疱瘡也、中院入道殿(通勝)來談、定家卿筆跡懸字拾遺之きれ也、被見之、
及晩入風呂、
十二日、己亥　今日內府家康公將軍幷轉任右大臣有陣儀、上卿廣橋大納言兼勝卿、奉行辨烏
丸左中辨光廣朝臣、參仕辨坊城左少辨俊昌、淳和奬學別當・源氏長者・牛車兵仗等宣下也
云〻、辰刻、山科內藏頭(言緒)・冷泉中將爲滿朝臣令同道向伏見城內府亭、各着用紗狩衣畢、未
(9オ)
下刻、上卿以下諸役衆被向伏見、各佇立之間、內府御裝束、折烏帽子左折、香直垂露」萠黃
前後腰帶白生絹也、御對面所へ御出、上段中央南面、土御門左馬助久脩御身固ニ參、久脩
退後、上卿・奉行職事・參仕辨等參進、上卿着座已前、爲勅使右大辨宰相(勸修寺光豐)先參進也、次官
務右大史孝亮(壬生)將軍宣旨持參入葛蓋、大澤侍從(基宿)藤原(マヽ)取之置御前、被覽、御座之脇ニ被置之、
西ノ緣ノ方ニ砂金袋相搆之、長井右近(永井直勝)砂金ヲ取テ入葛蓋、大澤侍從取葛蓋返給之、次大外

國賢を訪ふ
寶壽院來邸
嫡男鼻血止まらず

記師生（中原）右大臣宣旨持參入葛蓋、其躰如將軍宣旨、次官務氏長者宣持參、次大外記源氏長者宣持參、次官務淳和・奬學兩院別當之宣旨持參、次大外記牛車宣持參、次官務牛車宣持參、次大外記兵仗宣旨持參、度〻給砂金、■次上卿黃金十枚居臺給之、鞍置馬給之、次右大辨宰相ニ黃金五枚幷鞍置馬被下之、次奉行職事光廣朝臣ニ黃金五枚被下之、次參仕辨金五枚被下之、各御禮申、起座須臾後、上卿勅使太刀折帋ニテ御禮被申、次奉行職事・參仕辨等太刀計御禮被申、次大外記、次官務、次少史安陪盛勝、次少外記三善英芳、次出納職淸、同職忠、次外記使部重昌、次官使部、次告使、各太刀ニテ御禮申之、次陣官人御禮申之、太刀不進上之、各御禮畢後、上卿以下入御被申、平伏之間入御、予・冷泉・山科等（9ウ）御供、常之座敷ニ行、」地下錄物、將軍宣旨砂金二十兩、右大臣宣旨錄金十兩、氏長者宣錄、■外記・官務兩宣旨十兩充、牛車兩宣旨十兩充、淳和奬學別當宣錄十兩、兵仗宣錄十兩、以上金九枚也、少史・少外記・出納・使部・告使・陣官人等銀子三枚充被下之、各無甲乙、」

（10オ）十三日、晴、家君ニ參、昨日之樣躰令雜談畢、午刻寶壽院來、薦晚飡、嫡男煩疱瘡也、鼻血酉刻計ヨリ無間斷垂、

嫡男死去

十四日、晴、嫡男疱瘡衂血不留以外也、色々雖盡療治、申下刻令死去畢、哀慟非及筆舌處、母・乳母哭泣、難如何者也、

春岳宗英童眞

十五日、拂曉、遣寶壽院許令葬畢、改名、春岳宗英童眞、

十六日、

十七日、

十八日、

公家衆豊臣秀頼参賀に大坂に赴く

十九日、明日（豊臣）秀頼卿へ爲年頭御禮、諸公家大坂へ下向云々、

嫡男の初七日

廿日、陰亦晴、今日一七日也、寶壽院へ行、令燒香申、歸路之次、法輪寺幷清涼寺・妙心寺等令拜詣畢、

廿一日、晴、

中院通勝より弔問歌を贈らる

廿二日、晴、午刻也足軒（中院通勝）芳問之間、門外出逢、令相談畢、」

（10ウ）廿三日、從也足軒贈詠歌一首給、

いまさらに人のうへをもなけくそよわれもをくれし心ならひに

予返事

おもひやれかれしなけきのそなれ松そのこのもとの露のふかさを

淨土寺山如意嶽を廻る
如雲齋來談
國賢を訪ふ

全齋を訪ふ

氷室登山

鬪鶏觸狀
城昌茂來談
常嘉親王妙法院に入室す

母堂を訪ひ北山金閣に赴く

午刻、
廿四日、晴、宗春令同道遊山ニ行、淨土寺山ヨリ如意嶽打廻歸畢、巳刻如雲齋來談、樽代
百疋給之、家君へ行、
廿五日、晴、全齋へ行、
廿六日、晴、齋了、氷室へ登山、入石風呂、
廿七日、
廿八日、
廿九日、從官務はさミ箱借ニ來、竹内源藏人（孝治）被來、鬪鶏觸狀令教訓畢、城織部（昌茂）來談、木綿
二端惠之、今日、第六宮（常嘉親王）妙法院座主宮（常胤法親王）へ御入室云々、
卅日、」

（11オ）

三月小

一日、戊午 晴、母堂へ御見舞ニ參、北山金閣へ遊山ニ行、
二日、及夜雨降、

上巳節句
國賢を訪ふ
三日、雨降、夜中祝義如例、雖闘鶏可令參内、依有穢氣不參、源孝治奉行也云々、次家君（國賢）へ參、數刻御雜談也、

和漢御會參勤の觸
四日、晴、春岳宗英童眞三七日也、設齋了、
五日、晴、來十六日和漢執筆可令參勤之由、有御觸、

高野山參詣
平野村泊
六日、晴、高野山參出立畢、平野村ニ一宿、

紀伊橋本泊
七日、陰雨、早天出於平野、高野麓紀川邊橋本ニ一宿、

高野山に登る
自性院泊
八日、晴、早朝高野山ニ登、自性院ヘ案内者令奥院參詣、歸路兩院不動奉拜畢、自性院一宿、

宇野村泊
九日、晴、齋了、嶽之弁才天ヘ參詣、直下山畢、吉野之路うの村に一宿、」

吉野山に登る
萱森泊
（11ウ）十日、晴、早天出立、吉野山ニ登、麓は花悉落山上盛也、事外參詣之人繼踵畢、明日當山依會式也云々、出吉野、かやの森に一宿、

岡寺観音
長谷寺
三輪社
櫟本泊
十一日、晴、早天出立、岡寺之観音打過、安部山之文殊ニ參、泊瀬參詣畢、自泊瀬下向之道、三輪ニ參詣、三わか崎さのゝ渡相尋處、細川流出、名はかりなり、市のもとに一宿、
布留神社花盛とみえぬれとも、奴僕草臥ぬれは、みやりてとをり侍り、

春日社東大寺
興福寺等參詣
十二日、晴、春日社見物、殊勝銘肝者也、二月堂・三月堂・八幡・東大寺・興福寺等見物

俊正房を訪ね昔日を談ず

木津泊

歸邸

國賢を訪ね旅事を談ず

國賢等氷室に登る

中院通勝來邸廿四孝假名書所望の内談

母堂を見舞ふ

和漢聯句御會

參番

嵯峨釋迦堂及び池坊を經て高尾に赴く

高尾逗留

家康二條城に入る

畢、俊正房西大寺ニ住居之由聞及間相尋處、西大寺奥院石塔院ニ被居云々、相逢、累日之事共相語畢、及晩催歸、木津ニ一宿畢、」

（12オ）十三日、小雨、早天立出、玉水にて齋調味畢、井手里・玉川・玉水なと見侍畢、未刻歸蓬華畢、則家君ニ參、此中路次躰談畢、路次中の事別ニ記之、

十四日、春岳宗英月忌初也、自性院在洛之間卽薦齋、家君・意齋（御薗）令來給、午刻家君・意齋氷室へ御登山也、高尾性院僧正出京、

十五日、晴、也足軒（中院通勝）來談、双瓶嘉殽給之、數刻打談、廿四孝ことは假名に所望之仁有之、其内談、也足軒來談也、宮川殿來入、薦晩飡畢、母堂へ家君御留守見舞行、

十六日、禁（中晩カ）和漢御會也、執筆令參勤、發句御製、花そちるよしやうらみん風もかな、連衆八人、西下刻滿百畢、則退出、入夜上冷泉へ行、」

（12ウ）十七日、參番、

十八日、

十九日、嵯峨釋迦へ參詣、池坊へ立寄、御そ起乃舍利拜見畢、高尾へ行、

廿日、高尾ニ滯留、地藏院兒成ニ行、樽代三十疋遣之、

廿一日、高尾御影供拜後歸宅畢、今日大樹（徳川家康）到二條城、御上洛也、及晩御城へ行、大樹懸御

目畢、

参番

廿二日、参番、

細川忠興を訪ふ
参内

廿三日、吉田へ行、長岡越中(細川忠興)見舞之爲也、巳刻参　内、衛士掃除令下知畢、

家康を訪ふ

廿四日、参　内、及晩大樹へ参、懸御目有御雑談、」

家康参内す

(13オ)廿五日、大樹御参　内也、早朝令衣冠参　内、巳下刻大樹御参、路次行粧、先童僕善阿彌御物令持、騎馬諸大夫、若輩之衆二十人歩行、御車之前行也、次随身八人騎馬、次御車、次騎馬諸大夫十人、次扈従衆五人、越前宰相(結城秀康)・豊前宰相忠興(細川)・播磨少将(池田輝政)・京極少将(高次)・安藝侍従(福嶋正則)等也、各長柄輿也、各衣冠、将軍従里亭御衣冠也、長橋ニ御休息、傳奏案内之後　御前ニ令参給、三獻畢、有御通、将軍御杓也、烏丸父子(光宣・光廣)・日野父子(輝資・資勝)・廣橋父子(兼勝・總光)・飛鳥井父子(雅庸・雅賢)・勧修寺宰相(光豊)・白川二位(雅朝)・藤侍従(永慶)・万里小路(孝房)等也、

将軍御進物銀子千枚、将軍勅許之御禮也、年頭爲御進物綿百把・銀子百枚・御太刀也、次(13ウ)親王(政仁親王)御方御進物銀子百枚、年頭進物銀五十枚、」親王御方御一所にて御對面也、次女院(新上東門院)へ令参給、御進物銀二百枚、年頭之御進物御小袖・銀五十枚等也、午下刻大樹御退出、

家康を訪ふ

廿六日、午刻大樹へ参、懸御目畢、

諸家家康に参賀す

廿七日、諸家将軍参賀也、予雖當番令相博、将軍へ伺候畢、及黄昏宿ニ参、

家康を訪ふ
諸門跡家康を禮訪す
日蝕
家康を訪ふ
家康を訪ふ
家康能興行す
秀賢聯句御會に參內す
能興行延期
家康を訪ふ
能見物
能見物

廿八日、午刻大樹へ參、懸御目畢、
廿九日、大樹へ諸門跡御禮有之云々、

四月大

一日、日蝕、早朝御所褰ニ參　內、

(14オ)
二日、當番令相博、大樹(徳川家康)へ參、
三日、大樹へ參、
四日、大樹於御新宅有御能、四座立合云々、可令見物由內々雖被仰、今日聯句御會依御人數參　內、當座上句鬮取冲長老(梅印元冲)也、紅葉傍階新、知令恩露沐、紫栴望闕焚、仰以叡鈴祝、有節、中下刻各退出、及申刻雨降、
五日、大樹御能樂可致見物依仰、向二條亭、因雨氣延引、仍頓而歸宅、及晩大樹へ參、懸御目、
六日、大樹へ御能見物ニ參、山科(言緒)・冷泉(爲滿)・四條(隆昌)・水無瀨中將(氏成)・烏丸辨(光廣)・六條等也、觀世・金滿兩大夫也、九番有之、脇能矢立賀茂也、
七日、當番令相博、御能見物ニ行、日野宰相(資勝)・猪隈少將(教利)・阿野少將(實顯)・烏丸頭辨・源藏人(竹內孝治)等

同道申畢、掖能養老十一番有之、酉之刻歸蓬華、」

細川忠興及び家康を訪ふ

（14ウ）八日、長越中（細川忠興）見舞ニ吉田行、暫有雜談、未刻大樹へ參、

中原師生來談
近衞邸に赴く

九日、掃部頭（中原師生）來談、次水無瀨（氏成）依誘引參揚明、有御對面、次及黃昏出川一齋向亭、淺野左京（幸長）大夫爲相伴也、半夜鐘之後歸蓬華、

春秋會通を城昌茂に返却す

十日、城織部（昌茂）方ヨリ春秋會通取返ニ來、則返納畢、

家康を訪ふ

十一日、大樹へ參、

參番

十二日、參番、

家康を訪ふ

十三日、大樹へ參、

家康を訪ふ

十四日、大樹へ參、

家康を訪ふ

十五日、大樹へ參、

家康伏見に還る

十六日、大樹伏見へ還御、及晚土州常通寺來、」

參番

（15オ）十七日、參番、

女御殿に候す

十八日、女御樣へ參、七宮御忌明之御盃參故也、

禁中にて本因坊等の鬪碁叡覽

十九日、於禁中當代上手碁有之、從右府（家康）可被備叡覽之由内々有奏聞云々、内々衆十人計從召伺候、予同伺候畢、碁打四人、本因坊（算砂）・利玄・仙角（林）・道石等也、先御黑戶之前打板をか

まへ、其上ニ疊一帖を敷爲座、見物之公家衆其邊ニ圓座を敷、巳刻計ニ始、先本因坊・利玄打之、持碁也、次仙角・道石打之、道石三目勝、次本因房（坊）・利玄打之、利玄三目勝之、次道石・仙角打之、仙角負、入夜終、亥刻各退出、碁打四人ニ一束卷物各被下也、

石山寺參詣

廿日、中院入道（通勝）・鷲尾（隆尚）令同心、石山へ參詣、及黄昏歸蓬蓽、女房衆同石山へ參詣、日吉・西教寺等見物云〻、

禁中周易傳授道具の沙汰をなす

廿一日、周易御傳授之御道具可申付之由被仰出、則御細工之大工召寄、寸法以下申付畢、

參番

廿二日、參番、」

（15ウ）

高尾へ登山

廿三日、高尾へ登山、未刻雨降、

參籠中の空性法親王に候す

降雨の爲麓の川汎濫す

廿四日、大覺寺御門主（空性法親王）十日比より高尾ニ可爲御籠居之由、性院（秀賢弟）內〻被示之間、今日御見舞ニ令伺候畢、果子令持參、終夜雨降、朝來麓川水二間餘漲、波瀾假橋被流、兩日絶通路、

廿五日、晴、

廿六日、晴、

歸邸

參內

禁中御振舞あり

廿七日、晴、齋了、企歸歩、午前歸蓬蓽、則參　內、今日內〻衆御振舞有之、當番之間不及退出、令宿、

國賢邸九條邸等に赴く

廿八日、晴、家君（國賢）へ參、次九條殿（忠榮）御方御所へ參、次竹門主（良恕法親王）へ晩飡御振舞有之、中院相伴也、

芳西堂を訪ふ
寶壽院來邸
易御道具出來

廿九日、晴、相國寺芳西堂（蘭秀等芳）ヘ朝飡ニ行、寶壽院來、鷹晩飡、易御道具共出來之由大工告來之」（16オ）間、則勾當局ヘ參、道具共出來之由申入、今度新調之物共、筮机一脚、長五尺・横三（五）尺・高一尺七寸、板ノ厚八分、供物机一脚、長五尺・横一尺・高二尺、小机二脚、長二尺・横一尺・高一尺六寸、此小机ハ硯紙板等可置用也、黄漆紙板横一尺五寸・竪一尺、格長五尺・高一尺、此尺いつれも周世ノ尺ヲ用、周尺ハ今金ノ八寸也、

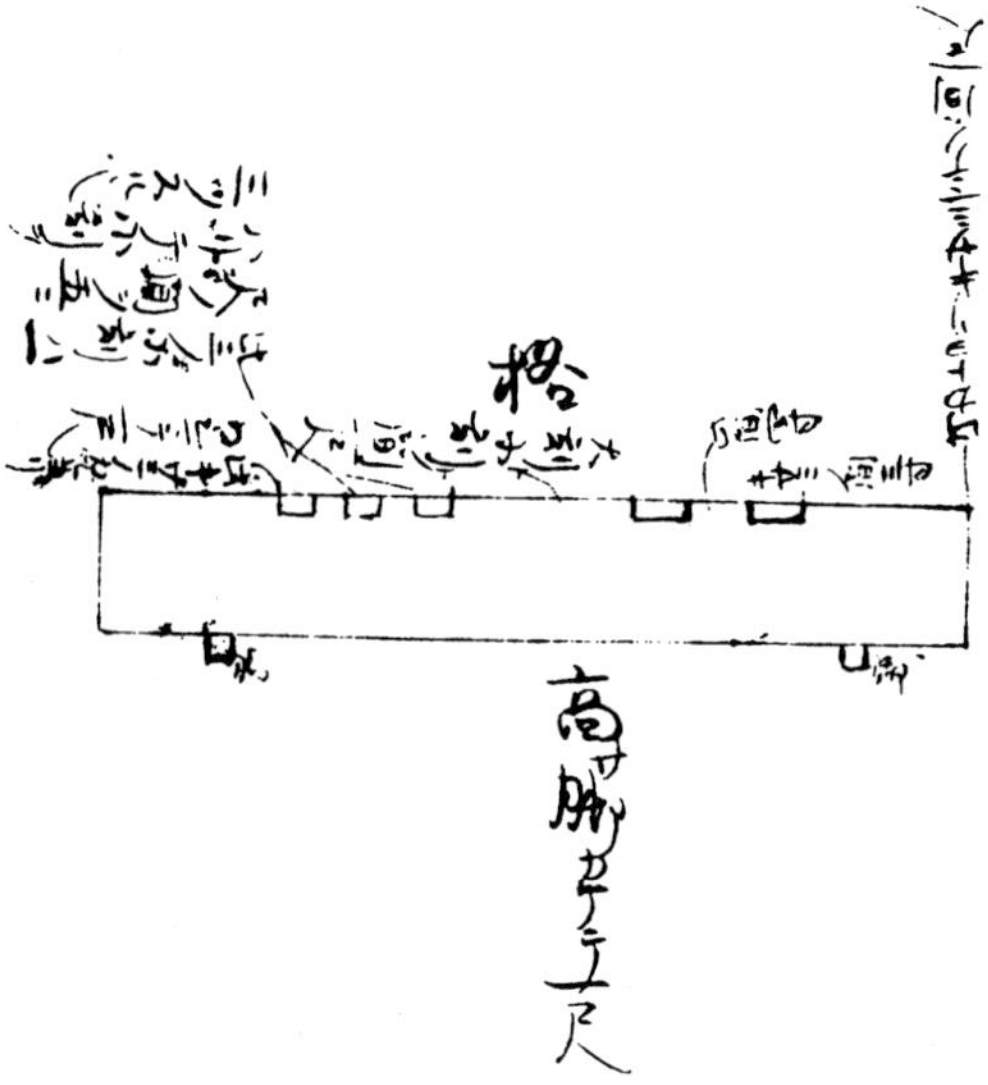

(16ウ)廿九日
卅日、雨、高尾ヨリ傳内來、作物所ノ細工人三衞門來、筮龜之樣子示之、

五月小

國賢を訪ふ
宗甫來邸
十如院松藏主に左傳及び尚書疏を渡す
參内

一日丁巳　雯・陰・晴、家君(國賢)へ參、宗甫來、薦晩飡、十如院(建仁寺)松藏主來、左傳十五册全部・尚書疏十册全相渡畢、　御盃參　内、大外記(中原師生)來談、

參番

二日、晴、參番、
三日、

壬生孝亮邸の饗に赴く

四日、宗甫來、藥拵也、於官務(壬生孝亮)亭有晩飡、六條(有廣)・冷泉(爲滿)・内藏頭(山科言緒)等參會畢、

家康を禮訪す
結城秀康を訪ふ
深草祭見物
政仁親王及び諸家を禮訪す
朝餉の手長を勤む

五日、伏見へ行、大樹(徳川家康)御禮申、冷泉・山科・六條・四條(隆忠)門令同道畢、内藏頭・予兩人參川(結城秀康)守殿へ行、歸路深草祭見物之、照高院(道澄)へ參、御對面、暫有御雜談、中刻歸蓬華」(17オ)(政仁親王)親王御方へ御禮ニ參、次二條殿(昭實)へ參、入夜御盃ニ參、先女院(新上東門院)之御所へ參、　御盃以前於朝餉間朝餉參、命婦達指合之故、予手長ニ參、

女御女院のために歌舞妓躍を催す

六日、晴、於女院かふきをとり有之、出雲國人云々、女御(近衞前子)之御振舞也、内々衆多分被召者也、

七日、晴、參番、終日御前令伺候、入夜有御別殿、遲明退出、
八日、甲子　從午刻參　內、甲子御遊之故也、今夜遊興之故、
九日、早天、高尾へ行、中川久左衞門事僧正（眞海）へ令意見相濟畢、入夜大覺寺宮（空性法親王）へ參、
十日、雨降、中川久左衞門來間、則僧正へ一禮令申、於尾崎房有晩飡、雨故乘物歸京、冷泉へ行、明日會歌令談合、
十一日、於冷泉亭月次歌會興行也、巳刻彼亭ニ行、兼日題、郭公何方、「

　詠郭公何方

（17ウ）

　和謌
　藏人式部丞秀賢
あけのこる月に
とはゝやほとゝきす鳴
つるかたは雲のい
つこと

予懷帋之書樣如此、堂上
傍輩中參會之時季同等字
不書入、當座二十首有之、各二首、

會之人數、山科父子（言經・言緒）・冷泉父子三人（爲滿・爲親・爲賴）・四條（隆忠）・官務・予・今川宗誾父子・宗超等也、此月次、予内々令異見取立者也、及晩家君へ參、入夜已雲齋（平野長治）來談、

參番
參內
甲子御遊
高尾の眞海僧正を訪ふ
空性法親王を訪ふ
中川久左衞門を僧正に紹介す
冷泉邸に赴く
冷泉爲滿邸月次歌會
國賢邸に赴く
平野長治來談

長治を招く
國賢等の調藥
參番
長治の高尾登山につき法身院に書を遣す
空性法親王の依頼により謡本を書寫し進上す
參番
長治及び爲滿來邸
勸修寺光豐を訪ふ
七觀音參詣
久左衛門來邸
病により當番缺勤
長治等來邸
三條西實條邸にて藤原行成等の筆跡を覽る
筆結來邸
中院よりの肖柏筆跡を長治に渡す
長治來談

十二日、晴、當番也、晝之間滋野井（冬隆）へ令相博畢、已雲齋朝食ニ請待、家君御出、宗甫、家君・予・法身院等諸藥被調合、入夜參番、
十三日、晴、今晩、平大炊（平野長治）入道高尾へ可有登山由之間、法身院へ書狀遣、雙瓶葛袋壱遣之、（18オ）大門主（大覺寺門跡）より謡本」外題二百五十番字にてかき可進之由被仰間、字を脇付而令進上候、二三番字不審、
十四日、雨降、之仲（五辻）代參番、從京極（冷泉）許來月次歌題被觸之、夏月如秋、海上遠望、二首也、
十五日、午刻、已雲齋來談、次京極中將（冷泉爲滿）來談、及晩勸修寺（光豐）へ行、鷹之鴨振舞也、
十六日、雨降、七觀音參詣、小川坊城（俊昌）頭也、高尾平岡之中河（川）久左衛門來、樽二種進之、簾中へ唐鏡・唐扇進之、令對面薦酒、頃刻歸畢、
十七日、晴、當番、從腹中氣不參、平野大炊入道來談、寶壽院來、家君御出、全齋被來、各薦晩飡畢、及晩三條西殿（實條）へ行、行成・佐理・五筆・光明皇后等名筆令拜見、何も眞跡也、驚目畢、
十八日、晴、讃州筆結來、中院殿より平野大炊方へ牡丹花（肖柏・萬里小路春房）之筆跡被遣之、予令傳達畢、午刻大炊來談、地藏院弟子契約過半相濟、則今日到伏見、下向、來月中旬入寺之約諾也、
十九日、晴、筆結來、已上三日來、十五對結之、高尾ヨリ傳內來、城織部（昌茂）方ヨリ御內書之認

城昌茂に內書の書例を遣す

樣問ニ來、調樣書付遣之、冷泉・予兩人へ書狀也、予於冷泉亭返札書調、兩判遣之、次家

(18ウ)

君參、次全齋へ行、」入夜歸蓬華、

芍藥の根分け

參番

廿日、雨降、庭前芍藥分種之、入夜參番、伯卿(白川雅朝)代也、

照高院道澄政仁親王のために仁王經を修す

廿一日、雨降、於親王御方、照高院准后(道澄)仁王經讀誦給、內々衆參候、廣橋大納言兼勝卿衣冠・持明院中納言基孝狩衣・中院入道前侍從中納言通勝・伯二位雅朝卿狩衣・勸修寺宰相光豐卿衣冠・鷲尾(隆尚)宰相衣冠・五辻左馬頭之仲衣冠・正親町三條實有狩衣・四辻少將季繼狩衣・富小路左衞門佐秀直狩衣・猪熊少將(教利)狩衣・廣橋右中辨總光直垂・小川坊城左少辨俊昌狩衣・松木少將宗信衣冠・▒予狩衣、此外外樣衆、西洞院父子(時慶・時直)・阿野少將(實顯)等也、從早朝參、入夜退出、

當番

連歌あり

伋の字につき御質疑あり

廿二日、晴、當番也、參　內、有御連歌、御雜談之次、伋之字有御尋、七尺之由申上畢、尋伋同由有沙汰、尋八尺、然者字意不同、

中院通勝來談し諸道零落を嘆ず

廿三日、陰雨、日暮中院入道殿(通勝)來談、當時諸道零落可哀云々、

秀賢嫡男百日忌

廿四日、陰晴、鶴壽丸百ヶ日也、設小齋揮淚、未刻、韻會店屋有之由、人來被告知之間、則見ニ行、

韻會は禁中に留置かる

國賢來邸

通勝を訪ふ

廿五日、晴、韻會取寄、禁中へ懸御目、則被留置、銀一枚也、次家君御出、次也足軒へ行、晚飡有之、入夜歸蓬華、

周易傳授の道具に銘を記す

廿六日、朝霙、巳刻晴、筮之御道具共、机大小四脚・格等也、以朱可致書付由被仰出、仍
如左書付者也、

　慶長八年癸卯夏、依　今上皇帝周易御傳授、考舊規令新造之、」

家康を訪ふ
竹内孝治を訪ふ

次巳刻、冷泉・山科内藏頭令同道、大樹（德川家康）へ參、懸御目有振舞、及暮歸蓬華、次竹内源藏人（孝治）
へ行、

寶壽院と共に花山院邸に赴く
夜參番
御前にて圍碁を打つ

（19オ）
廿七日、陰、雖當番、相博伯卿（白川雅朝）不參、但晝許也、寶壽院來、花山院へ可參由間令同心、及
晩歸、當番宿ニ參、於御前有圍碁、予・右大辨宰相（勸修寺光豐）・少將碁指之、扇子一本拜領畢、

廿八日、雨陰、

花山院忠長に授讀
氷室に登る

廿九日、晴、高尾傳內來、次花山院少將（忠長）讀書、次高尾地藏院來談、及晚氷室登山、

六月小

氷室明神參詣
參内
當番
興意法親王と碁を打つ
地藏院普賢院來邸

一日、晴、戊今日氷室明神祭也、早朝明神へ社參、未刻従萱堂歸蓬華、入夜御盃ニ參　内、

二日、晴、當番參　内、終日候御前、聖護院宮（興意法親王）予打碁畢、

三日、申刻雨降、高尾地藏院・普賢院來談、

五條邸に赴く
銀子借用
冷泉邸月次歌會に赴く
祇園御靈會參番
小刀拜領
花山院忠長に毛詩授讀
喜多坊來邸
冷泉爲滿と共に加茂川を遊歩す
中院通村來邸
喜多坊來邸

四日、晴、五條亭行、
五日、晴、銀子四百目令借用、
六日、冷泉亭(爲滿)月次哥會有之、兼日題、夏月如秋・海上遠望、兩首也、
愚詠、みし月の程にそ夏は知れ(マヽ)ける　あけさらましを秋の夜ならは
　　わたつうみの雲井につゝく波よりやその岩舟もかよひ初けん」
(19ウ)當座三十首、愚詠二首、萩・水鳥也、
　　草むらハ吹はらひつゝ白露のまくらにふかき萩の上風
　　水きよくすめる心は繪にもはたうつさまほしき池のをしかも
山科父子(言經・言緒)・四條隆昌・官務孝亮(壬生)・今川仙巖・同左馬助・極樂寺・松泉院等也、
七日、晴、祇園會、朝齋ニ今出川東向全齋・同簾中・新大夫等被來候、午刻參番、到夜半迄御前伺候、小刀一拜領畢、曙天雷雨甚、
八日、巳 雨降、從番退出、午刻晴、晩雯、花山(院脱カ)少將(忠長)殿讀書毛詩、入夜喜多坊來、夜半後雷雨驚人、
九日、陰、及晩冷泉へ行、令同道、東河原水見ニ行、晡時中院侍從(通村)來談、
十日、晴、喜多坊來、

女院御所にて御囄あり穴澤雲齋より桃を贈らる

十一日、晴、女院(新上東門院)御所有御囄、內々衆不殘被召畢、予雖預御觸、依所勞不參、穴澤雲齋桃一折贈給之、

周易傳授の道具出來す當番不參

十二日、陰晴不定、従　禁中筮之御道具出來之由被仰下、蓍櫝龜等被見下、雖當番依所勞不參、勾當局(持明院基子)へ御理申入了、

土用入法身院喜多坊來邸

十三日、晴、法身院(眞海)被來、喜多房同道、一宿、土用入、」

(20オ)十四日、晴、御光・御松祇園會見物ニ行、治部卿・喜多房薦朝飡畢、予齋也、

周易傳授日時につき國賢に問ふ

十五日、晴、家君(國賢)御出、従　禁中易御傳授吉日之事被仰出、予以書狀家君へ申處、御返

國賢の返書

狀云、御傳授之月日之事、先當月はよろしからす候、來月者御忌月如何候、前々御吉例候へは是を被用事候、近代御傳授之無御沙汰候へは、御吉例など不覺悟候、惣而七・八月庚子日被遊事候、幸今年八月十六日相當庚子候間、如本式可被遊之候哉由、可被言上候、誠ニ折にあひたる義、奇妙候申候、

六月十五日　極﨟殿　草名

供物已下御器共出來候哉如何、

國賢の返書を勾當局に示す

此御狀、則勾當御局より懸御目處、御心得之由也、次供物之器可爲何樣之由御尋之間、則令圖進了、

供物器圖

經四寸余、高四寸計、以
銅内外滅金之由、書
付進之、數二ッ、飯ノ器也、

經三寸余、高二寸計ニて、
同以銅内外滅金之由、
書付進之、數六ッ、菜六種之器也、

東福寺及び東光寺の僧論語聽聞を乞ふ
治部卿伏見より歸る

圖如右、則多い阿彌ニ被仰付、次存庵爲吹擧東福寺僧・東光寺作藏主兩人被來、各五明十本被惠之、論吾（語）講可聽聞云々、及晩治部卿從伏見歸來、板倉（板倉勝重）折帋出之、仕合云々、

十六日、

當番不參

十七日、雖當番、從所勞不參、

萬葉集書寫完了す
冷泉爲滿來邸

（20ウ）**十八**日、万葉集十五・十六兩卷令書寫終功、冷泉爲滿朝臣許へ遣之、助筆也、入夜冷泉來談、万葉出來祝着之由也、

禁中書籍蟲拂參內
早退す

十九日、晴、今日ヨリ三日間、禁中御虫拂也、齋了、參　內、御唐櫃共取出、淸涼殿・紫宸殿・小御所・記錄所等風涼也、予從所勞氣、晡時退出、各及黃昏退出云々、

書籍の分類を命ぜらる

廿日、晴、齋了、參　內、御書籍共令部分、及黃昏退出、今日石山觀世音閉帳之、

參內

當番
宗甫の診察を受け藥を服用す

花山院忠長及び國賢來邸
六條邸冷泉邸を訪ふ

存庵等來邸

北野社參詣
參內
法樂和歌當座御會あり

二條昭實より眞桑瓜を拜領
近衞邸冷泉邸及び國賢を訪ふ

廿一日、晴、齋了、參　內、宗甫從伏見被來、
廿二日、晴、未刻夕立、當番、齋了、參　內、御虫拂取置令終了、宗甫朝脉診之、則藥調合、今日より服用、
廿三日、晴、花山院參、次六條亭(有廣)行、終日雜談、次家君參、次冷泉へ行、
廿四日、晴、家中者四五人愛岩(宕)山へ參詣了、東福寺・東光寺・存庵來談、
廿五日、早朝聖廟へ參、歸路冷泉令同道了、今日聖廟法樂之御會可有之由、昨日御觸也、巳刻衣冠參　內、御當座五十首也、勅題也、予探得、曉觀念題、浮雲の行衞なからもすむ月にその曉の契りむすはん」
(21オ)
御人數、八條宮(智仁親王)・聖護院宮(興意法親王)・曼殊院宮(良恕法親王)・廣橋大納言兼勝卿・山科前中納言言經卿・中院入道前侍從中納言素然(通勝)・平宰相時慶(西洞院)・飛鳥井新宰相雅庸・右大辨宰相光豐(勸修寺)和哥奉行也・三條宰相中將實條・鷲尾宰相中將隆尙朝臣・頭辨光廣(烏丸)朝臣・左馬頭之仲(五辻)朝臣・阿野少將實顯朝臣・四辻少將季繼朝臣・飛鳥井少將雅賢・猪隈少將教利・予等也、以上堂上十五人也、
辨辨(行カ)被講之、御製初七反後三反、宮門跡初三反後二反、堂上一反也、申下刻各退出、
廿六日、晴、日出之比、霎沃、二條前關白殿(昭實)より眞桑瓜一籠五十拜領、調子越前守(武俊)御使也、令對面薦一盞、及晩近衞左府(信尹)へ參、瓜一籠進之、次冷泉へ行、次家君へ參、亥刻歸蓬蓽、

少風雨、

舞樂道具風涼
大風のため黒
戸前の柳折る

廿七日、晴、當番參　內、舞樂之道具被風涼、午刻已後大風、黒戸之前柳吹折、卽可令斬之由仰也、仍鳥飼之衆召寄、令斬之、

宗甫の診察を
受く
六條有廣來邸
國賢及び冷泉
邸に赴く

廿八日、晴、辰刻自　內退出、宗甫被來、被診脉藥調合、及晩六條宰相(有廣)來談、及黄昏家君へ參、次冷泉へ行、今日予齋也、六齋日可行齋雖覺悟、事繁多之故、每度令懈怠而已、

六月祓參候の
觸
參內

廿九日、晴・雺沃、宗甫伏見へ被行、万里小路(充房)より六月之御盃ニ可參之由被觸之、例年如此無御觸、不審、及晩勾當御局より六月秡可參之由被觸、卽參　內、於御三間御通有之、」

(21ウ)

七月小

家康の上洛延
引
伏見に家康を
訪ふ
參內

一日、乙卯　晴、今日大樹(徳川家康)御上洛之由雖有沙汰延引、仍巳刻伏見へ行、卽大樹懸御目、暫有御雜談、御振舞共被仰付、及晩歸蓬蓽、秉燭之程御盃ニ參　內、先參御前、暫有御雜談、子刻退出、

存庵來邸

存庵來云ゝ、

當番
韻會禁中に納
めらる

二日、丙辰　晴、當番、午刻參　內、韵會沽却本懸御目、卽可被召留仰也、

生御玉の祝
國賢等を招く

三日、丁巳　晴、愛宕實殊院來談、今日生見玉催之、仍賡(元賡有雅)侍者迎ニ遣之、卽來義、次法身院(眞海)

家康二條城に入る秀賢これに候す

壬生孝亮より贈與の瓜を冷泉爲滿に頒ち贈る

家康を訪ふ

參內

冷泉邸月次歌會に出席す

良恕法親王より瓜を贈らる

高尾より下山、午刻家君(國賢)御出、全齋・梅龍軒(竹田)・同宰相・意齋(御薗)・德庵等被來、內義方母堂御出也、御弁・新大夫・梅龍室・德庵母等來、申刻各令歸、次今晩右府(德川家康)御上洛由也、仍爲御迎、二條城へ行、及黃昏右府御上洛也、車寄ニ迎、入御後歸宅、

四日、晴、冷泉へ行、自官務(壬生孝亮)瓜共被惠之、卽十五冷泉へ遣之、午刻右府へ參、懸御目、晡時歸宅、今夜　禁中御目出度事也、仍及黃昏參　內、伺候之衆、廣橋大納言兼勝卿・万里小路大納言充房卿・中院入道(通勝)・伯二位雅朝(白川)卿・右大辨宰相光豐(勸修寺)・鷲尾宰相隆尚・五辻左馬頭之仲朝臣・正親町三條少將實有朝臣・」(22オ)四辻少將季繼朝臣・廣橋左少辨總光・小川坊城俊昌・猪隈少將教利・持明院少將基久・松木少將宗信・山科內藏頭言緒・藤侍從永慶(高倉)・万里小路侍從兼房・中院侍從通村・廣橋侍從兼賢・滋野井侍從冬隆・高倉侍從嗣良・予・源藏人孝治・新藏人安倍泰重等也、

七獻也、二獻目より各御前へ參、公卿搆疊着也、殿上人圓座也、五獻目、天杓也、鷄鳴退出、

五日、晴、於冷泉爲滿亭有月次會、予出座了、兼日題、新秋・草花・契戀、三首也、當座三十首、予二首、都月・寄舟戀、今日予講師之當番也、雖未稽古爲心得勤之畢、赭面〻〻、入夜歸蓬華、歌共別記之、後聞、今日曼殊院宮(良恕法親王)より瓜一籠被下之、

參內
東光寺僧等來邸
韻會を宣傳す
二條邸等に赴く
參番
二條城の能樂を覽る
國賢等を訪ふ
穴澤雲齋に瓜を贈る
阿野實顯等と二條城に赴く
家人脇指紛失により家中の起請文を徵す
二條城に赴く
甲子待參內
烏丸光廣來邸
國賢を訪ふ
大雷雨
山科言經を訪ふ
寶壽院の祖廟に詣す
家康を訪ふ
參番
兩親健在の衆のみ召さる

六日、晴、庚申　早朝、東光寺被來、瓜共被恵之、存庵同道也、齋了、參　內、龍安寺・眞珠院、韵會一部令吹擧、被召留、終日伺候、未刻夕立、巣松軒(蘭秀等芳)へ瓜一籠遣之、

七日、晴、二條殿(昭實)參、次九條殿(兼孝)參、家君先參、次近衞殿(信尹)・同政所殿參、午刻參番、早朝守三來、瓜共進之、

八日、壬戌　晴、巳刻大樹へ參、昨日より金滿井《御猿樂》之能有之、大夫金滿井也、昨日當番之間、殿中へ不參、今日番より退出後御猿樂見物ニ參、酉刻歸蓬華、次家君へ參、次梅龍軒行、」

(22ウ)

九日、癸亥　晴、魚住与介甘瓜五十進之、次穴澤雲齋方へ瓜廿遣之、午刻阿野少將(實顯)・四辻少將兩人令同心、殿中へ參、兩人御禮被申、頓而退出、予居殘、及日暮退出、

十日、甲子　新三郎脇指失却之間、家中者共靈社起請文令書之、順哲來談、次治部卿方より盃之爲祝義、瓜十・茶二袋被贈之、未刻殿中參、入夜參　內、甲子待之故也、

十一日、乙丑　晴、烏丸頭辨(光廣)來談、晡時今出川殿(國賢邸)へ參、夕立甚、雷聲驚耳、二三ヶ所落云々、及晩山科黃門(言經)へ行、數刻打談、

十二日、晴、拂曉嵯峨寶壽院祖廟參詣、巳刻歸蓬華、

十三日、晴、午刻大樹へ參、御咳氣由、無御對面、入夜參番、鷲尾(隆尚)代也、

十四日、晴、巳刻家君へ參、未刻參　內、今日者兩親有之衆計番ニ參也、終夜有盃杓、各

携一種一瓶了、

盂蘭盆會燈籠獻上
家康相國寺に赴く
秀賢も相國寺に赴く
參內

十五日、陰、辰刻退朝、次、御灯籠令進上可然之由、勸修寺宰相ょり被示之、俄ニ尋遣之、無之間、御理申入了(〆也)、午刻參　內、晡時大樹相國寺兌長老(西笑承兌)へ御成、仍相國寺へ行、懸御目了、次親王御方參、有御盃、次參　內、御盃有之、大樹及晩伏見へ還御、

冷泉亭に赴く
山々燒灯

十六日、及晩冷泉亭へ行、山ゝ燒灯見物ニ東河原へ出了、」

參番

(23オ)十七日、晴、辛未　齋了參番、晡時夕立甚、亥刻迄御前伺候、

山科邸に赴く

十八日、壬申　晴、午刻山科亭へ行、入夜歸蓬蓽、御靈御出也、

陽光院正忌につき般舟三昧院經供養の觸狀

十九日、癸酉　晴、全齋來談、次、自小川坊城左少辨俊昌許、來廿四日陽光院御聖忌之經供養於般舟院有之由被觸也、其一通文躰甚左道也、不有職之故也、卽出納方(職清)へ一通遣之、

來廿四日奉爲　陽光院聖忌、於般舟三昧院可有御經供養、任例可令下知之狀如件、

七月十九日　　式部丞(秀賢)判

出納殿

山科言經の家臣町衆と喧嘩

及晩山科亭へ行、山科青侍民部令口論云ゝ、仍爲見舞也、入夜歸蓬蓽、次踊出逢、卽見物畢、

堺衆玄庵等來邸

廿日、晴、甲戌　清凉寺池房來談、次存庵來、糒袋ニ惠之、堺衆玄庵始而來、鵝眼五十疋惠

管蠡抄拜領

天得庵來談
和漢會執筆につき近衞邸に赴く

北野社參詣
六條有廣に年代記を貸す

小宰相を迎に人を遣す

公家衆踊興行
參內

參番
興意法親王と碁を打つ
中原師生來談

德川千姫大坂城に入輿す

元賡來邸
國賢を訪ふ

之、存庵案內者也、
廿一日、晴、
廿二日、晴、參番、管蠡抄一冊拜領了、
廿三日、晴、東福寺天得庵（マヽ）　西堂來談、五明五本被惠之、廿六日和漢執筆令伺候之由、揚明より有御使、卽令伺候、一巡中入之也、夜半歸蓬蓽、
廿四日、晴、大工召、中間部屋板敷令敷之、
（23ウ）廿五日、未明北野參詣、次家中令掃除、次六條宰相より年代記借ニ來、卽借遣之、」
廿六日、陰晴、中國兵庫頭息女小宰相毛利輝元女中ニ隨逐也、然共病氣ニヨリ乞暇、今日伏見ヨリ京上之間、迎ニ人足以下遣之、午時今出川へ被來、及晚拙宅被來、
申刻公家中若輩衆廿四五人おとり興行、被盡美麗云々、及晚吉田番代參　內、
廿七日、當番參　內、辰刻雨降、於御前聖護院宮（興意法親王）・予打碁、
廿八日、壬午雨、陰晴不定、掃（部脫カ）正來談、今日內大臣秀頼公被迎妻室云々、江戸大納言家御息女也、伏見ヨリ大坂ニ到、舟船悉、
廿九日、雨降、廣橋大納言（兼勝）ヨリ可來談由、雖被示之、隙入間不行、次法身院來、
卅日、雨降、賡侍者（有雅元賡）來、及晚家君へ參、數刻御雜談、横大路長介八朔爲禮來、双瓶餠等進

之、

八月小

禁中及親王に太刀進上
秀賢等伏見城に至り家康に八朔を賀す

一日、乙酉　雨降、早〻禁中へ御太刀金覆輪進上、次親王(政仁親王)御方へ御太刀進上、同金覆輪、則被返(24オ)下了、次女院(新上東門院)へ杉原一束進上、飯後將軍(徳川家康)ニ參、伏見御城ニ御座也、六條宰相(有廣)・冷泉中(爲滿)將・四條中將(隆昌)・土御門左馬助(久脩)・山科内藏頭(言緒)・予等也、各御太刀進上、予同太刀進上之、晡時歸蓬蓽、六條宰相來談、卽令同心、女院へ參、少納言御局申置者也、次女御(中和門院)ニ參、次近衞殿政所ニ參、次近衞殿(信尹)參、次家君(國賢)參、次九條殿(兼孝)參、次二條殿(昭實)參、沈醉之故御盃不參、氷室百姓共來、掃部正(中原師生)より雙瓶佳肴給之、

女院及び女御に候す
攝家衆を訪ふ

病のため當番缺勤
鷄冠井村庄屋及び中川九左衞門母來邸

二日、晴、雖當番、因少病煩不參、昨日御德日之故、禁中ヨリ御太刀今日返給之、次女院ヨリ一束ニ錫一對被返下、次鷄冠井庄屋二郎左衞門昨日之爲禮來、小角置進之、次平岡之中川九左衞門母來、木練柿進之、

花山院忠長に毛詩授讀
三國志及び晉書を吉田宗恂より借る

三日、丁亥　晴、花山院少將殿(忠長)讀書令來給、毛詩十八卷也、次意安(吉田宗恂)許へ三國志・晉書借ニ遣、卽令到來、兩部册數合六十四册有之、

宗甫及び性院に書狀を遣す
國賢を訪ふ
高野自性院逝去
冷泉邸月次歌會
北野觀音坊來邸
冷泉爲滿山科言緒等來談
參番
梅印元冲と共に近衞信尹を訪ふ
國賢を訪ふ
堺の道保來邸
淀殿依賴の貞永式目假名注出來す
秀賴の婚儀祝賀のため大坂に赴く
秀賢等秀賴に婚儀を賀す

四日、晴、伏見宗甫へ人遣之、次性院(秀賢弟)書狀遣之、
五日、晴、家君へ參、高野自性院去月廿六日逝去云々、次冷泉亭月次歌會也、予頭役也、
短册料帋打曇五枚・杉原一帖・銀子二匁遣之、入夜歸宅、懷帋題、月前聞鴈・遠寺晩鐘、
兩首也、
六日、晴、庚寅　北野觀音坊(賴玄)來、五明三本進之、大坂已雲齋(平野長治)より使札到來、來八日連歌月次、
予頭役也、仍銀五匁目遣之、入夜冷泉中將・山科內藏頭等來談、薦一盞、夜半比各歸趨也、
七日、晴、參番、終日御前伺候畢、
(24ウ)八日、雨降、南禪寺語心院冲(梅印元冲)長老來談、近衞殿可令案內者由也、仍卽令」同道、卽對面也、
次家君へ參、次堺道保來、鰹二十ふし進之、東光寺來談也、
九日、癸巳　雨降、式目假名註出來、懸表紙了、及晩風呂入、次冷泉立寄、初夜歸蓬華、
十日、甲午　晴、
十一日、乙未　晴、秀賴(豐臣)卿御祝言爲御禮、諸公家下向、仍予也亦大坂ニ下、冷泉・山科・四
條令同船、申刻到大坂着岸、秀賴卿拜出、長印軒宅ニ一宿、
十二日、晴、齋了、着衣冠秀賴卿亭へ參、先攝家衆御禮、有御振舞、次淸花等也、有一獻、
御太刀進上、晡時各退出、平野大炊(長治)入道已雲齋許へ行、

淀殿に貞永式目假名抄を進上す

十三日、晴、早々長印許へ行、長印令同道、片桐市正(且元)許へ行、式目假名抄遣之、一段満足由也、今度秀頼卿自萱堂(淀殿)式目假名抄之事被仰出、書本出來之間、令進上片桐市正奏者也則　市正令同道、城ニ參、則式目抄
式目抄上下二冊居臺幷帷壱重袷壱銀子五枚拜領也予也錫酒鍋三ッ進上物也、酉刻退出　見事出來御祝着之由、御返事也、帷壹重・袷壹・銀子五枚致拜領、尤眉目之至也、未刻退出、長印令同道、長印私宅ニ歸、

今中彌三郎の饗に赴く

次今中彌三郎許振舞行、今中勘右衛門始逢也、及黃昏歸大炊許ニ、」

大坂町見物
白氏六帖を購む
平野長泰を訪ふ

(25オ)
十四日、晴、大坂町見物ニ出、白氏六帖兩册感得之、午刻平遠州(平野長泰)許へ行、風呂興行也、卽一宿、

歸邸す
國賢に大坂の樣子を談ず

十五日、早々上洛、路次逢(マヽ)相於橋本邊雨、晴、申刻歸宅、有暫令休息、家君ニ參、大坂之樣躰相談畢、次冷泉(爲滿)・山科(言緖)等來談、及夜半、

國賢を訪ふ
周易傳授草案を認む

十六日、晴、全齋來談、次家君ニ參、周易之傳授次第草案書之、

當番

十七日、晴、當番參、

御靈會見物

十八日、晴、東光寺・宗承・道法等來談、及晚御靈會祭禮見物ニ今出川へ行、有晚飡、

周易傳授次第書進獻の命を國賢に傳ふ

十九日、晴、早々依召長橋局へ參、周易之傳授次第可令進上由也、卽家君へ參、仰之旨令申、次第等書之、午刻已後雨降

次第書を勾當局に渡す

廿日、晴、午刻勾當局(持明院基子)へ參、周易之傳授之次第令進上、祿物樣躰等內々御局御尋也、万疋・

三略講義
中院通村及び高倉永慶に大學を授讀す
勸修寺光豊周易傳授につき女院の意見を傳ふ
主上若年且つ厄年なれば延引しては如何
國賢の意見を問ふが可ならん
國賢延引を可とす
叡慮延引に決す
平野長治上洛し秀賢邸に宿す

御太刀等給之由令申、
廿一日、晴、東光寺・存庵・宗承等來、三畧密〻談之、次中院侍従通村・藤侍従永慶始
（25ウ）而讀書也、則大學教之、後薦一盞、中院侍従より錫一對給之、藤侍従兩樽二種給之、」次、
勸修寺宰相光豊卿來談云、周易御傳授之事、此比女院被聞召云〻、主上今年厄年、又御若年之處、易學
可爲如何哉、儒道之大事卒爾ニ御傳授、神罰如何思召間、先延引之通主上へ可被仰由御存
分也、如何存哉之由也、予申云、大藏卿（國賢）惣別病者、此義再三雖辭退申、强依仰、領掌仕候、
何も大藏卿ニ相尋、返事可申上也、勸宰相則被參女院、予返事被相待云〻、則家君へ參、
右之旨申處、御厄年之事者不苦事也、文王羑里作易辭、然者有愼時却可沙汰事也、然共御
若年也、五經未御讀間如何、雖爲之非常儀故、兎角不申令領掌乎、惣而病者故失忘多〻也、
幸（仰）之間御延引尤之由、可申之云〻、仍女院師局へ參、勸宰相召出、右之通可申處、一段尤
之申樣也云〻、則叡慮被伺之處、然者先御延引有之由也、此旨猶大藏卿ニ可申届云〻、則
家君へ右旨令申畢、御厄年御若年彼是雖不苦事、女院易之事神罰難計、依思召延引有之事
（26オ）也、」女義御不案內之故歟、
次平野大炊殿（長治）來大坂より上洛、愚宅一宿、薦晩飡、家君御出、次治部卿來、及夜半家君今
出川へ令歸給、入夜雨降、

廿二日、晴、參番、申刻大炊被歸云々、

參番

廿三日、晴、於揚明和漢之會御興行、予執筆可伺候由內々被仰、仍早々令伺候、漢人數、相國寺保長老(有節瑞保)・南禪寺三長老・冲長老(梅印元冲)・傳西堂(以心崇傳)・東福寺藤長老(集雲守藤)等也、和人數、揚明・照高院殿(道澄)・松梅院・時能等也、秉燭滿百、各退出之後、予・保長老殘居、有御雜談、夜半後歸蓬華、

近衞邸和漢會

廿四日、晴、三畧講之、女房衆の越中《長岡(忠興)》息女病惱以外之故、見舞ニ行、及黃昏歸宅、

三略講義
秀賢室細川忠興女を見舞ふ

廿五日、晴、拂曉　聖廟參詣、飯後六條殿令同道、大樹へ御見舞ニ行、御振舞有之、入夜歸蓬華、

北野社參詣
六條有廣と共に家康を訪ふ

廿六日、三畧講之、宗甫被來、

三略講義

廿七日、三畧講之、當番參、入夜御前御田樂有之、

三略講義
當番

廿八日、齋了、九條殿(兼孝)ニ參、終日霎時々降、

九條邸に赴く

廿九日、晴、家君へ參、次山科亭へ行、」

國賢邸山科邸を訪ふ

(26ウ)

九月小

三略講義終了勧修寺邸に赴く禁中外様番の壁書起草を命ぜらる

一日、甲寅　三畧講畢、次家君(國賢)へ參、次勸修寺右大辨宰相(光豐)より有使者、從　禁中被仰出有儀(マヽ)可來段云々、仍申刻向彼亭、被仰出意趣者、外樣番不沙汰以外也、可被置壁書云々、然者予草案可書進由也、入夜御盃ニ參、

當番主上獨吟

二日、乙卯　當番早々參、次御前ニ參、御聯句獨吟被遊之、今日、昨日壁書之趣被仰出付而外樣・內々不殘伺候、其壁書云、

壁書五條

　條々　內々

一、小番之事、請取、飯後二番詰以下者四時已前ニ各可有伺候、番帳者參次第可被着之、宿之義者、秉燭已前可有參集事、

一、參內之時、衣服冠帶不拘美惡正威儀、各從官位、可守如法禮節之事、

一、早朝、上格子以前・下格子以後者、從常御所南廊懸筵、奥江出入禁制也、雖晝、無御用者申口・男末・大臺所迄も不可致伺候之事、

(27オ)

一、於非常之砌者、非兼日之制限、雖內々御前、依時宜可致伺候事、

一、青侍雜色以下之輩、於御番所作法、各可被堅申付之事、

　右旨、若於違背之輩者、急度可被加御紀明者也、

慶長八(マヽ)九月二日　　　光豐(勸修寺)判

兼勝（廣橋）判

條々　外様

一、小番之事、請取、飯後二番詰以下者四時已前ニ各可有伺候、番帳者參次第可被着之、
宿之義者、秉燭已前可有參集之事、
一、各從官位、可守如法禮節事、
一、參内之時、衣服冠帯不拘美悪、可正威儀事、
一、於非常儀者非兼日之制限、雖内々御前、依時宜可致伺候事、
一、青侍雜色以下之輩、於番所作法、各堅〇可被申付事、
右旨、若於違背之輩者、急度可被加御糺明者也、

慶長八年九月二日　光豊判
兼勝判

右壁書、兩通共ニ予令清書之、
被仰出壁書五ヶ條、畏而奉之、各存其趣、堅可守御制法候、仍所請如件、
慶長八年九月二日　清原秀賢
嗣良（高倉）

（27ウ）

如右請文調之、各奥ニ連署加判形、中院（通勝）入道執筆也、

外様同右請文、花山院（定煕）大納言執筆也、

又爲私定置條〻之事、

一、當番請取の人、青侍一人・雜色一人をかるへき事、

一、青侍共かたきぬ袴をき、あしなかをはくへし、皮きぬ、かは袴、たうふく禁制事、

一、御車寄・御門以下らくかき、柱をきりきさみ、番所の戸障子をはつし、敷物なとにすること、かたく禁制の事、

一、各こうた・まひ・うたひ、幷雜人共わるくるひ停止事、

一、大なるわきさし停止事、但、所により時によりさすへき事、惣別異類異形の出たち共、各可有分別事、

一、夜に入、町ありきなとあるましき事、

一、各似合さる侍・中間なとめしつかはるゝ事分別有へき事、

右條〻、隨分互申合、可相嗜之、其上於違背者、各迄可申達候也、

宗甫來邸し持藥調合す
秀賢邸北廂修理
慈照院來邸
參番
高倉永慶に授讀
家康及び攝家等を禮訪す
參內
甲子待

慶長八年九月二日　　　　　　各連署加判形
　　廣橋大納言殿
　　勸修寺宰相殿」

及黄昏、各退出、

(28オ)
三日、

四日、

五日、宗甫來、予持藥調合之、

六日、大工源左衞門來、北之廂爲修理也、

七日庚申 晴、大工源左衞門來、次相國寺慈照院澤座主來義、五明十本被惠之、巳刻參番、午刻雲沃、入夜大雨降、

八日、大工源左衞門來、宗承來、入夜御松(松丸)見舞ニ今出川(國賢邸)へ行、

九日、藤侍從(高倉永慶)讀書來、木練柿一鉢給之、次伏見へ行、爲大樹(德川家康)御禮也、御對面有碁、次家君(國賢)へ參、次近衞殿(信尹)・九條殿(兼孝)・二條殿(昭實)御禮ニ參、次　親王(政仁親王)御方へ參、次　御盃ニ參、

十日、大工來、

十一日、甲子待、參　內、

十二日、當番、藤侍從相博、

五山の僧等に論語を講ず

後聞、九條殿(忠榮)御方御所、花水御聽聞、片陰別ニ搆御座、朝山宮內少輔(幸綱)依爲案內者也、

十三日、論吾(語、下同ジ)講尺始之、序講之、相國寺慈照院澤座主・東福寺衆四五人發起也、其外縁聞之衆三十人餘有之、予烏帽子・道服着用、」

(28ウ)十四日、

論語講義
大中庵高尾出入につき證範來邸

十五日、論吾學而篇講之、午刻以後南禪寺證範來義、平岡大中庵之義、高雄出入爲扱也、晚飡薦之、

十六日、治部卿來、

當番
政仁親王御所祈禱あり

十七日、當番、今日於親王御方有御祈禱、予被召、然共當番之故不參、

論語講義

十八日、論吾爲政篇講之、

宗甫の中國下向を餞す

十九日、宗甫中國下向由被示間、爲餞鵝眼二百疋遣之、

廿日、治部卿・賡侍者(有雅元賡)等來、

悟心院等より音物あり

廿一日、語心院(悟、下同ジ)より紅柿五十被惠之、次さくま久衞門女中より二荷三種給之、

高尾に赴き大中庵のことを談ず

國賢を訪ふ

廿二日、齋了、治部卿令同道高雄へ行、普賢院・密藏院等出逢、大中庵之事令談合、及黃昏歸蓬華、家君ニ參、此中高尾座方申分、昨夜智積院被登山、色々被扱、院家衆之如存分

（29オ）被申詰、相濟」者也、

廿三日、宗甫中國下向延引、自伏見被歸、

論語講義

廿四日、陰、霎沃、八佾篇講之、家君・全齋等來幸給、九條殿御方御所御成、片陰搆御座御聽聞也、夜雨降、

參番

廿五日、晴、戊刁 飯後參番、三條西(實條)殿代也、

平野長治より書狀來る

廿六日、晴、大坂己雲齋(平野長治)より書狀到來、預錢之都合被尋申者也、

論語講義

廿七日、晴、里仁篇講之、午刻參番、從九條殿(兼孝)御樽二荷兩種拜領、

九條邸全齋宅を訪ふ

廿八日、晴、九條殿御方御所へ參、次全齋へ行、次風呂へ入、

三鈷寺に性院を見舞ふ

廿九日、性院(秀賢弟)三鈷寺ニ籠居之間、見舞ニ行、及晩歸宅、次梅龍軒(竹田)へ行、

十月大

家康を伏見に訪ふ
參內せず

一日、晴、伏見へ行、爲大樹(徳川家康)御見舞、入夜歸蓬蓽、仍御盃不參、」

丹治主水來邸し神道につき相談す
參番

（29ウ）二日、紹節來談、春日禰宜丹治主水初而來、紹節案內者也、神道之事共可令相談由也、乍去予無相傳、少〻雖有聞置事、一部不相續間、令斟酌畢、次參番、於御前鷲尾宰相(隆尚)・予打

丹治主水荒神供次第等を持參す
國賢邸に赴く
宗甫持藥を調合
玄猪御祝參內
論語講義
參番
寶壽院及び眞乘院來邸
國賢及び全齋を訪ふ
聽松軒を訪ふ
冷泉邸月次歌會
白川顯成來邸
宗承及び御靈社別當來邸
秀賢室德庵宅に移る
參番
家康歸府定る

朞、
三日、晴、春日禰宜丹治主水來談、荒神供次第・壽命經淸秡次第、其外彼是秡共寫持來、令一覽畢、入夜家君へ參、
四日、晴、宗甫令相談、予也持藥令相調、
五日、晴、及晩親王(政仁親王)御方へ參、有御通、亥餅拜領、次參　內、有御盃、
六日、公治長篇講之、
七日、參番
八日、寶壽院來談、眞乘院洪首座來義、大栗二百被惠之、次今出川殿(國賢邸)へ行、次全齋へ行、及夜半歸宅、」
(30オ)
九日、全齋令同心、南禪寺聽松軒へ行、及晩歸蓬蓽、
十日、冷泉亭月次哥會也、予令出席、早朝伯子息(白川顯成)來談、
十一日、時雨降、宗承來、蒲鉾一折惠之、次御靈別當來談、五明五本惠之、
十二日、晴、宗甫歸國、女房衆爲産、德庵家令借用、自今日移居也、次參番、終日御前ニ伺候、水無瀨中將(氏成)夜終(マヽ)令閑談、
十三日、陰、午刻霎、大樹十八日江戸御下向云々、仍水無瀨中將可被見舞云々、卽予令同

秀賢水無瀬氏成と共に家康を訪ふ
御日待
當番
家康を訪ふ
男子誕生
家康伏見を發す
冷泉邸に赴く
論語講義
國賢邸に赴く
平野長泰來泊す
論語講義
近衞信尹の和漢詩歌に對進す
眞如堂に赴く
寳珠院に一字板注字木を遣す
參番

道、及晩大樹御出、懸御目、有御振舞、頓而退出、初夜歸蓬華、十五日御日待可伺候由御觸有之、

十四日、陰雨、

十五日、飯後參　内、依御日待也、盤上御遊共也、

十六日、終日候御前、日入各退出、予番也、

十七日、飯後伏見へ行、大樹明日江戸へ御下向、爲御暇乞也、及黄昏歸蓬華、未刻以後入(30ウ)夜」雨降、

十八日、庚子 霧降、日出以前男子誕生、但辰刻歟、於德庵令產者也、母子共以無事珍重〻〻、今日辰刻、大樹至江戸御下向云〻、及晩冷泉へ行、暫時相談、天龍寺（マヽ）　藏主來、大栗百ヶ給之、

十九日、雍也篇講之、天龍寺妙智院長藏主來談、筆ニ双被惠之、

廿日、家君參、次全齋へ行、終日令相談、及黄昏歸宅、次平遠州（平野長泰）來一宿、

廿一日、述而篇講之、次從近衞殿（信尹）漢和一巡被持下、霧開村路顯四句目、風急晩潮狂予、如此令對進之、次愛宕山寳珠院宿坊眞如堂〻中ニ有之晩飡ニ被喚、請畢、入夜歸蓬華、

廿二日、雨、寳珠院へ一字板注字木以上三百遣之、巳刻參番、」

(31オ)廿三日、晴、及晩、也足軒（中院通勝）へ行、次揚明へ參、

冷泉邸及全齋を訪ふ
廿四日、晴、及晩冷泉へ行、次全齋へ行、亥刻歸蓬蓽、
秀賢室歸邸
廿五日、晴、女房衆從產所、歸來、
廿六日、
論語講義
參番
禁中書籍藏淸掃す
廿七日、陰霽、講泰伯篇、次參番、禁中御書藏周備、夜中召鳥飼之侍十余人令掃除畢、入夜雨降、
廿八日、晴、
論語講義
林羅山來談
參內
廿九日、子罕篇講之、梅龍軒（竹田）被來、次林又三郎（羅山）來談、双樽兩種惠之、及黃昏亥子參　內、御盃有之、先親王御方參、
中原師生來邸
卅日、晴、大工源七郎來、中大外記（中原師生）被來、

十一月大

一日、癸丑　晴、大工來、
女御茶會を催す
（31ウ）二日、參番、女御殿（中和門院、近衛前子）御壺口切也、內〻衆十五六人」被召有御振舞、揚弓被遊、宗春横大路・鶏冠井村等遣之、

三日、霎、狩野源七來、

論語講義
林羅山書狀

四日、郷黨篇講之、林又三郎(羅山)書簡進之、眞珠院來談、

五日、

論語講義

六日、先進篇講之、

參番

七日、參番、

參內

八日、庚申 及晩參 內、

九日、治部卿來、夜前留守、□併□失却、

論語講義
德川秀忠の任右大將宣下につき烏丸光廣及中原師生江戶下向

十日、顏淵篇講之、寶壽院召ニ遣之、被來一宿、今日烏丸頭辨(光廣)幷大外記(中原師生)武藏江戶へ下向也、大納言秀康(マヽ)卿右大將被任、頭辨者勅使也、大外記宣旨爲持參也、

十一日、

參番

十二日、甲子 參番、

十三日、九條殿(兼孝)御振舞參、及晩寶壽院來、

八卦見の眞藏坊來邸

(32オ)
十四日、晴、眞藏坊來、當代八卦上手也、盗賊占也、」万一不違云〻、寶壽院相伴鷹朝飡、

丹治主水來邸
冷泉邸に赴く
主水再び來邸
地鎮作法等を傳ふ

十五日、春日社人丹治主水來、揚明へ漢和再返伺之意伺候、依而丹治主水不及對面、次冷泉へ行、入夜丹治水主(マヽ)來、神道事共彼是令雜談、地鎮作法幷秘、以書佐令相傳授了、

建保名所百首当座和歌御會

十六日、禁中御會、題者建保名所百首也、揚明被遊付、御人數、八條宮(智仁親王)・照高院准后(道澄)・聖護院宮(興意法親王)・梶井宮(承快法親王)・曼珠院宮(良恕法親王)・近衛左大臣殿(信尹)・烏丸大納言光宣卿・廣橋大納言兼勝卿・花山院大納言定煕卿・山科前中納言言經卿・中院入道前侍從中納言(通勝)・伯二位雅朝卿(白川)・高倉宰相永孝卿・西洞院宰相時慶卿・六條宰相有廣卿・右大辨宰相光豐卿(勸修寺)・三條宰相中將實條卿・鷲尾宰相中將隆尚朝臣・左馬頭之仲朝臣(五辻)・四辻少將季繼朝臣・阿野少將實顯朝臣・富小路左衛門佐秀直朝臣・右中辨總光(廣橋)・予等也、以上廿四人、主上共廿五人也、哥數、主上・八條
(32ウ)
宮・照高院准后・聖護院宮・梶井宮」左大臣殿・中院入道・三條宰相等五首充、殘公卿分四首充、殿上人三首充也、予題由良・三崎・天香久山・松浦山等也、溢座也、日入時分各淸書、夜半前各退出、

參番

十七日、午間、持明院少將(基久)令相博、宿參番、

十八日、家中令掃除、

鶴壽丸の忌明
御靈社參詣
大工源左衛門を被官分とす

十九日、三男(マヽ)(鶴壽丸)忌明、今出川衆各令來給、御靈社へ參、大工源左衛門予也被官分ニ可成由令契約來、樽兩種進之、內義へ折進之、向後可令奉公云々、次湯淺長七來、錫鉢給之、薦晩飡、

廿日、晴、勸修寺宰相(光豐)許より書札到、來廿二日、甘呂寺(甘露寺豐長)元服云々、理髮可來云々、

廿一日、晴、

參番
女御女院を請じ茶會を催す

（33オ）廿二日、晴冬至、參番、午刻女御殿へ女院（新上東門院）御成、」有御振舞、御壺口切也云々、内々衆十七八人被召之、予同參、

甘露寺豊長の元服に招かる

廿三日、晴、今日甘呂寺首服、於勸修寺宰相亭被搆之、一條前關白（内基）加冠、着座万里小路大（充房）納言・葉室中納言（頼宣）兩人也、各爲祝義太刀捧之、

禁中連歌

廿四日、○

廿五日、禁中有御連歌云々、

論語講義

廿六日、子路篇講之、

參番

廿七日、參番、

白川顯成元服す

廿八日、伯二位息首服、名字顯成、予○可令理髪由雖約諾、新冠年十八九歳之故、髪内々被剪之故、於内義被着冠、理髪其由許也、万里小路大納言加冠也、着座勸修寺宰相・中御門中（宣光）（33ウ）納言等也、」早朝爲祝義双樽兩種遣之、新冠予彌從弟也、

廿九日、

論語講義
熱氣により半分にて止む

卅日、憲問篇講之、此二三日從虚熱、篇半分講之、

十二月小

藥師參詣

參內

一日、癸未　庭田少將(重定)藥師參頭役也、予被誘引令同心、人數、鷲尾宰相(隆尚)・左馬頭(五辻之仲)・廣橋辨(總光)殿・万里小路侍從(孝房)・猪隈少將(教利)・亭主・予等也、早朝すい物有御酒、次因幡堂へ參、一百度有之、各歸庭田亭、有朝飯、魚味振舞也、終日遊興也、次御盃參　內、」

論語講義
細川幽齋來談

（34オ）二日、雖當番令相博中院侍從(通村)、宿山科內藏頭(言緒)、

三日、憲問篇殘分講之、幽齋(細川)來談、

女院御所茶會

四日、女院(新上東門院)御所參、今日御壺口切也、女御殿(中和門院、近衛前子)・揚明(近衛信尹)・照高院准后(道澄)・大覺寺宮(空性法親王)・聖護院宮(興意法親王)・曼殊院宮(良恕法親王)・梶井宮(承快法親王)等御成、內ゝ衆十七八人被召之、予參之、

女院に御禮言上
竹內孝治を訪ふ

五日、早朝女院少納言局へ參、昨日被召忝由御禮申入、次源藏人(竹內孝治)亭へ行、及晚七觀音御撫物申出之、

秀賢等七人七觀音に參詣

六日、七觀音參催之、左馬頭五辻・庭田少將・內藏頭山科・万里小路侍從・高倉侍從(嗣良)・白川侍從(顯成)・（34ウ）予七人也、先河崎、次革堂・中山・長樂寺・」清水寺・六波羅堂・六角堂也、於長樂寺御酒薦之、於六波羅御酒又薦之、

小寒
參番

七日、己丑　小寒入、參番、御書藏御取置也、勸修寺宰相(光豊)殿へ兩種二荷遣之、儀同(勸修寺晴豊)殿爲一周

勧修寺晴豊一周忌

期故也、暁天雪、

年筮勘す

八日、庚寅　入夜年筮勘之、

論語講義
冷泉邸白川邸を訪ふ

九日、晴、衞靈公・季氏兩篇講之、次竹内源藏人令同道冷泉亭(爲満)へ行、次白川二位亭(雅朝)へ行、晩飡相伴也、亥刻歸蓬華、

冷泉邸月次歌會に缺席す

十日、晴、今日冷泉亭月次會也、雖然、參　內之故不出、會紙遣之、

參內
平野長泰來邸

十一日、晴、巳刻左衞門佐(富小路秀直)番代參　內、入夜、平遠(平野長泰)刕來、

御深曾木の儀あり

(35オ)十二日、午刻女御殿へ參、二宮樣(後、近衞信尋)御ふかそぎ御祝義有之、」左大臣殿(近衞信尹)令剪髮給、遠刕滯留也、

論語講義
常光院及び紹元來邸

十三日、陽貨篇講之、建仁寺常光院(三江紹益)被來訪、油煙三挺給之、次堀之九太郎(秀治)家中醫師紹元始而來、常光院同道也、鵝眼五十疋給之、

和漢聯句御會

十四日、晴、禁中和漢御會、予執筆參、發句御製、

春も此花には待し雪の庭　簾前香避寒　靈三(玄圃)
閨の戸に風は嵐の音そひて　照高院准后　枕の月に晴る夜の雲　左大臣
並影万行雁　周保　横秋一點鵝　元冲(梅印)　野虞迷草偃　守藤(集雲)
もとめ〳〵てわかなつむ道　入道前侍從中納言　春新氷未解　秀賢

中院通勝と共に白川邸を訪ふ

秉燭以前満百句引以下終、戌刻許退出、歸路中院入道殿(通勝)令同道、白河(川)亭へ立寄、數刻打談、

夜半後歸蓬華、

平野長泰伏見に歸る

十五日、晴、平遠江(平野長泰)朝飯令相伴、午刻遠州至伏見、歸宅、今日聖護院宮ょり御盞被進、仍雖被召從內故障申畢、明日爲講尺用意也、

論語講義

十六日、晴、微子篇講之、

參番

政仁親王御所煤拂に伺候し再び參內

十七日、飯後參番、則御前ニ候、數刻御雜談有之、次親王(政仁親王)御方御煤拂也、仍直ニ此由申入、(35ウ)親王御方へ令參、及晩又參　內、親王御方御煤拂伺候之衆、左馬頭(富小路秀直)・左衞門佐・」正親町(實有)三條・松木(宗信)・滋野井(冬隆)・中院侍從(通村)・廣橋辨・左衞門佐(マヽ)、常親王御方伺候也、後ニ鷲尾宰相御見舞被參、

女院酒饌を天皇に進めらる

今夜從女院主上へ御盞被進、仍內々衆十人計被召之、盃酌及曉更畢、

女御酒饌を天皇に進めらる

十八日、晴、巳刻從內退出、申刻從召參　內、女御殿ょり御盞被進上之、爲其也、於御前各賜酒飯、亥刻各退出、

論語講義終了

全齋宅に赴く

國賢等來邸

十九日、朝陰、子張篇・堯曰兩篇講之、全部終、今度講日數廿ヶ度也、全部令講事、至今年三ヶ度也、二篇三篇講之事、其度不可勝計、講後全齋行、家君(國賢)御出、梅龍軒(竹田)・意齋(御薗)等令同道、歲暮爲祝義也、入夜歸宅、巳刻ょり雨雪降、

三條通曇華院燒失す

秀賢これを見舞ふ

廿日、夜前子刻前三條之通燒失、今朝相尋處、曇華院御所云々、因而則御見舞ニ參、方丈庫廚等不殘一柱悉燒失、令怖愕畢、隣寺ニ方丈御所渡御之間則令參、懸御目、言語道斷之由

盗賊捕縛さる
細川幽齋を訪ふ
論語聽聞衆より音物を贈らる
禁中煤拂の觸
竹田宰相來邸論語を談ず
家中煤拂
女院御所に伺候す
禁中煤拂
國賢等來邸
中原師生江戸より歸京す

(36オ)令中畢、手過賊火之間不一決、盗賊一兩人搦捕、板倉(勝重)へ被渡云々、」幽齋(細川藤孝)近所之間則立寄、
昨夜恐怖之由令音信畢、歸路梅龍軒へ行、次論吾(語、下同ジ)發起衆、此中爲禮鵝眼五百疋・双樽佳肴
給之、相國寺晫(晫)(昕叔顯晫)藏主・天龍寺洪(玄英壽洪)首座・東福寺黃首座、
廿一日從禁中、明後日廿二日御煤拂御觸有之、則出納所(職清)へ令下知者也、其一通、
來廿二日可有御煤拂、任例可致下知之狀如件、
十二月廿日　式部丞判
出納殿
次明日女院御所御煤拂可候之由有御觸之、次入夜竹田宰相被來、論吾序分談之、
廿一日、晴、家中煤拂也、今日女院御所煤拂也、仍飯後女院參、日沒之比退出、次風呂入、
廿二日、禁中御煤拂也、朝飯令支度參　內、衞士五人參、與介・茂兵衞・與兵衞・甚五郎・
(36ウ)新藏等也、」■入夜退出、今夜中院侍從へ御番令相博、
廿三日、家君爲年忘申入、同母堂・全齋・同內義・子息等、梅龍軒・同孫宰相・意齋・虎
法師等來、隼人正母・新大夫(隣御五郎)〇等被來、全齋內義一宿、及晚雨降、入夜甚雨、丑刻計雷鳴
甚、午刻法身院(眞海)出京、
廿四日、陰、齋了、全齋女中歸宅、從知行所宗春被歸、次大外記(中原師生)掃部頭從江戸唯今爲歸

中原邸に赴く

宅、有使者、及晚彼亭へ行、亭主留守也、幡（播）摩（磨）御局・白川之女中等可令對面之由奏者演說之間、卽至亭、今度大外記仕合之樣子共雜談也、去月十日發足、廿五日江戶へ被着、宣旨十二月八日被請取云〻、被擇吉日之間、十二三日之間徒然而滯留云〻、大外記宣錄金一枚、歸京途中爲用意銀子百枚給之云〻、召使銀五十枚被下之、頭辨（烏丸光廣）金五枚・銀子五百枚拜領云〻、近代之仕合云〻、有暫亭主被歸、有盃杓、戌刻歸蓬蓽、」

北野社參詣
良恕法親王より菓子を贈らる

（37オ）廿五日、晴、齋了、聖廟へ參、及晚曼珠院宮より菓子折給之、

二條昭實より鯛を拜領す
知行所年貢算用に相違あり改めしむ
狩野源七來り聖蹟圖を返却す

廿六日、晴、二條殿（昭實）より鯛五令拜領、次藤林（横大路村庄屋）長介來、逐結解之處、算用相違之間、勘定狀逐返畢、乍去當年荒分無之樣ニ申付之間、長介下作之畠壹石二斗一升四合可作取之由申付畢、若於不沙汰ニ可取上由令下知候、次狩野源七來、五明十本進之、聖蹟圖返之、令對面之畢、家中餅つき也、

參番
中原師生より銀子を贈らる
細川幽齋妻より白綿を贈らる
冠拜領

廿七日、晴、巳刻參番、未刻退出、大外記掃部頭より今度右大將宣錄仕合之間、爲樽代銀子壹枚被惠之、次幽齋簾中より白綿貳把被惠之、及晚參　內、卽御前ニ參、御冠拜領歡悅〻〻、」

國賢を訪ふ
主上の年筮を勘す

（37ウ）廿八日、晴、庚戌　入夜家君ニ參、主上御年筮勘之、富小路左衛門佐へ遣之、卽女院御所迄被進上之由也、

諸家を禮訪す

廿九日、午刻歳末御禮ニ行、先二條殿、次九條殿、次揚明、次家君へ參、及晩令衣冠女院

參内

幷親王御方歳末ニ參、次女院御所御髪上也、參勤、次參　内、歳末御禮也、」

(38オ)

慶長九年　甲辰

正月大

四方拜

一日、壬子　四方拜、丑刻參　内、脂燭衆、大内記爲經（五條）朝臣・左馬頭之仲（五辻）朝臣・四條少將隆昌朝臣・四辻少將季繼朝臣・富小路秀直朝臣・飛鳥井少將雅賢・平（西洞院）少納言時直・猪熊少將教利・持明院少將基久・難波侍從宗勝・山科内藏頭言緒・冷泉少將爲親朝臣・滋野井侍從冬隆・高倉侍從嗣良・予等也、

御劍　庭田少將重定朝臣、御裾　頭左中辨光廣（烏丸）、草鞋　左少辨俊昌（小川坊城）奉行、御簾　右中辨總光（廣橋）、

(38ウ)丑下刻出御、以前、從黑遺戸勾當内侍（持明院基子）」御劍幷式莒・御笏等令出之給、御笏・硯蓋居之、式莒次藏人ニ令持、内豎ニ渡之、御劍予請取、晝御座ニ置之、御劍置之間、番候御座前、爲　出御之前、重定朝臣ニ渡之、還御後、又請取、從黑遺戸御劍・式莒・御笏等奉返上之者也、次　内侍所へ

參、○散錢二丁進之、刁下刻退出、一睡之後看經、先護身法、次中臣秡・三元神咒・上科津秡・下津秡・中津秡等讀之、次荒神經、次文殊經・藥師・愛染・虛空藏・觀音・不動眞言等誦之、次四聖人・朱文公之像等掛之、令供具祭之、孝經一部讀之、次家中祝儀如嘉例、次林又三郎(羅山)○禮ニ來、扇五本給之、及晚御盃ニ參、先親王(政仁親王)御方、次女院(新上東門院)、次禁中、御盃ニ被參衆廿八人有之、子刻退出、」

林羅山來邸

家中祝儀
參番
番結改

(39オ)二日、癸丑 家中祝儀如嘉例、巳刻參番、闕(結)改有之、番頭万里小路大納言(充房)・重定朝臣・教利・冬隆・予等也、昨晚有番觸、

□□□□御番二
七

御參、重定朝臣、教利、冬隆、充房、觸狀如此、

及晚御前ニ參、暫有御雜談、教利打碁、初予勝、後教利勝也、次御理申入、女院并親王御方御盃ニ參、飛鳥井少將被來、五明五本給之、

家中祝儀
國賢及び攝家衆を禮訪
參內

三日、晴、家中祝儀如嘉例、次家君(國賢)へ御禮ニ參、樽代三十疋進之、萱堂へ双瓶兩種進之、(39ウ)妹子香筋二遣之、次近衞殿(信尹)へ參、二荷三種進之、」御對面也、次鷹司殿(信房)へ參、御對面、次九(兼孝)條殿(九條忠榮)へ參、御方御所御對面也、歸蓬蕐、令衣冠御盃ニ參、先女院、次親王御方、次禁中、御盃以前御前ニ被召、勅作一具拜領、歡喜躍踊不過之者也、

諸家禮訪

秀賢室國賢邸に赴く
平田職清來邸
大元帥法施行の觸

東北院辨財天參詣
横大路の庄屋衆來邸

四日、晴、勸修寺宰相亭（光豐）へ禮ニ行、三種二荷進之、對顏有盃杓、次諸家禮ニ行、引付ニ書之者也、次伏見殿（邦房親王）へ參、御對面也、次二條殿（昭實）へ參、御對面、次大聖寺殿（惠仙）へ參、御對面也、次曼殊院宮（良恕法親王）へ參、御對面也、次全齋へ行、隻樽進之、內義へ筆三對進之、隆首座五明二本遣之、次梅龍軒（竹田）へ行、五明五本進之、宰相（竹田）扇二本、元丁五明二本遣之、」

（40オ）
五日、晴、女房衆家君へ行、出納（平田職清）來、納豆一桶進之、及晩自左少辨（坊城俊昌）許大元護摩一通來、則出納方へ令下知、其一通、從來八日大元法可被行、任例可致下知之狀如件、

　正月五日　　式部丞判

　　出納殿

六日、晴、早天令行水、東北院辨才天へ參、次横大路庄屋長介幷九衞門・孫九郎幷百姓共來、長介餅鏡進之、長介ニ帶二筋、九衞門ニ扇三本、孫九郎扇三本、百姓共扇二本充遣之、」

＊慶長九年正月一日ヨリ同月六日マデハ、慶長八年ト現在合綴サレテヰル。ソシテ、コレ以外ニ慶長九年ノ自筆本ハ現在ノトコロ發見サレテヰナイ。次ニ掲ゲル尊經閣本ト異同ガアル。

（表紙）
「西安縣之内也、
自長安至蜀二千一百里、日本路三百五十里、
積年七兆令七万令九百廿、
自天元甲刁以來至慶長甲辰、二兆七億六万二千令卅一也、
慶長九年甲辰日件録」

（1オ）
慶長九年甲辰　正月大　　乃臤

一日、壬子　晴、子刻令行水、」

（1ウ）
（空白）」

（2オ）
慶長九年甲辰歳　日件録　　乃臤

正月大

參内四方拜

御劒を晝御座に置き詰番す

護身法中臣祓三元神咒讀誦
外陣引鈴
供米神盃頂戴
家中祝儀
釋奠
孝經讀誦
政仁親王に伺候す
女院に伺候す

一日、壬子 晴、子下刻令行水、次看經、次令束帯參 内、四方拜、奉行左少辨俊昌(小川坊城)草鞋被勤之、御簾右中辨總光(廣橋)、御裾頭左中辨光廣(烏丸)朝臣、御劒源少將重定(庭田)朝臣、次脂燭衆、大内記爲經(五條)朝臣・左馬頭之仲(五辻)朝臣・四條少將隆昌朝臣・四辻少將季繼朝臣・富小路左衞門佐秀直朝臣・冷泉少將爲親朝臣・飛鳥井少將雅賢・平少納言時直(西洞院)・猪熊少將教利・持明院少將基久・山科少將言緒・難波侍從宗勝・滋野井侍從冬隆遲參・高倉侍從嗣良・予等也、寅一點出御、兼庭上構屛風双三、内設御拜座、」(2ウ)出御以前、自黑遣戸勾當内侍御劒幷御笏・式筥等令出之給、御劒ハ予請取、晝御座ニ置之、爲番卽晝御座之前ニ令伺候、出御之時、御劒之役者ニ令渡之者也、御笏硯蓋戴之、・式筥、内豎ニ渡之、以次藏人令傳之、還御之後、御劒・御笏・式筥等黑遣戸より勾當内侍ニ返上者也、

刁下刻 内侍所へ參、爲散錢鵝目二十疋奉之、先於庭上護身法・中臣秡・三元神咒等讀之、次昇外陣、令引鈴、此間三元神咒咒之、御供米令頂戴、次神盃令頂戴、爲佳例有盃酌、其後退出、

次如例年四聖人像・朱文公像等掛之、薦供具祭奠之、孝經一部讀之、次家中祝義如嘉例、

(3オ)及晩親王(政仁親王)御方有御盃云々、卽令參候、」次各被參 女院(中和門院、近衞前子)、予同從之、次參 内、御盃ニ被參

參內

候衆廿八人有之、内々衆不殘者歟、子刻退出、」

（3ウ）

（空白）」

（4オ）

二月大

中院邸當座和歌會　參內　參番

一日、壬午 晴、於中院亭有當座、水邊紅葉・山家夕嵐、二首詠之、入夜御盃參　內、

二日、晴、參番、

三日、

四日、

五日、

六日、

參番

七日、參番、御黑戶有御取置、明日攝家・門跡御參之故也、從　內被催御遊、被召者也、

攝家衆參內蹴鞠圍碁等の御遊

八日、攝家衆御父子不殘御參、仍而御遊共有之、黑戶庭切立令用意、有御鞠、主上（後陽成天皇）不遊、

次楊弓、次碁・將碁（棊）等也、入夜酒宴、夜半各退出、」

（4ウ）

土御門邸及び全齋を訪ふ

九日、晴、土御門亭へ晩飡ニ行、及暮全齋へ行、

山科言緒邸連歌會

十日、山科內藏頭（言緒）亭有連哥、仍向彼亭、入夜歸宅、

冷泉邸月次歌會
詠草を届け出席せず

十一日、家君(國賢)へ參、今日冷泉亭雖月次依有用所不出、雖然當座題被送之間、令詠吟、入夜令持參畢、秀直(富小路)番代參、

三百韻連歌御會
參番

十二日、參番、今日三百韻御連哥有之、

紹元を訪ふ

十三日、家君令御供紹元宅へ行、法嚴院出逢、內ゝ今日今日(行カ)振舞之契約也、

鶴壽丸一周忌
高尾の治部卿を見舞ふ
法身院に泊す

十四日、鶴壽丸(秀賢嫡男)一周忌也、野僧供養之、於嵯峨寳景(マヽ)院令齋者也、愁涙不屑春雨、次高尾治部卿煩、先日より未驗氣之由告來間、卽令登山畢、顏色衰弊驚入畢、此中梅龍軒(竹田)藥以相當之故少驗之分際、猶驚入者也、法身院一宿、」

歸京す
高尾涅槃講

(5オ)十五日、梅龍軒登山、被胗脉一藥被調合、少驗氣之間、梅龍軒令同心歸京、高尾涅槃講令聽聞、殊勝〱、歸路槇尾へ使者遣之、五明十本送之、

十六日、

參番

十七日、晝間相博、入夜參番、

十八日、禁中より漢和一巡被下之、

九條兼孝訪問

十九日、及晚九條殿(兼孝)へ參、

佐久間久右衛門妻來邸

廿日、佐久間久右衞門簾中令來給、杉原一束給之、

持明院邸にて長橋局夢想連歌催あり

廿一日、於持明院亭、長橋御局夢想之續哥三十首有之、人數、廣橋大納言(兼勝)・同右中辨(總光)・中

水無瀬宮御法樂和歌當座御會

院入道（通勝）・同侍從（通村）・山科中納言（言經）・同少將（言緒）・伯二位（白川雅朝）・藤宰相（高倉永孝）・勸修寺宰相（光豐）・鷲尾宰相（隆尚）・頭辨（烏丸光廣）・

（5ウ）五辻左馬頭（之仲）・飛鳥井宰相（雅庸）・園少將（基任）・」阿野少將（實顯）・猪熊少將（教利）・松木少將（宗信）・小川坊城左少辨（俊昌）・予等也、亭へ菓子折送之、晡時詠吟出來、講頌有之、發聲亭主、讀師廣橋大納言、講師園少將、講頌終、盃酌及夜半者也、自黄昏雨降、

廿二日、於　禁中水無瀬御法樂有之、十七日從和歌奉行被觸之、其廻文如左、

　來廿二日、可有水無瀬殿御法樂和歌御會、各可令參給之由、被仰下候也、

　　二月十七日　　光豐勸修寺宰相也、

日野大納言殿（輝資）　廣橋大納言殿　持明院中納言殿（基孝）

入道前侍從中納言殿（中院通勝）　伯二位殿　飛鳥井宰相殿

三條宰相殿（公廣）　鷲尾宰相殿　頭辨殿

左馬頭殿　阿野少將殿　四辻少將殿（季繼）

左衞門佐殿（富小路秀直）　藏人辨殿（廣橋總光）　飛鳥井侍從殿（雅賢）

猪熊少將殿　中院侍從殿（通村）　藏人式部丞殿（秀賢）

右各參集、但、左衞門佐不參也、此外御所之令參給、」

（6オ）八條宮（智仁親王）・妙法院座主宮（常胤法親王）・大覺寺宮（空性法親王）・聖護院宮（興意法親王）・曼珠院宮（良恕法親王）・近衞殿（信尹）、以上六御所也、題飛鳥

蹴鞠當番

井宰相被書之、五十首也、予也一首、左馬頭より以下一首充也、晡時詠吟出來、有御頭辨被讀上之、申刻下刻各退出、御所之於紫宸殿御鞠被遊也、主上被遊畢、予今日當番也、入夜參御前、數刻御雜談有之、

尚書及び毛詩授讀
九條忠榮に招かる

廿三日、紹元來、尚書讀之、花山院少將(忠長)へ毛詩令讀之給、及晩次從殿中納言殿(九條忠榮)御使被下、今晩可參之由也、卽可令伺候由御返事申畢、及晩九條殿へ參、有晩飡、連哥一折御興行也、

高野自性院より書狀來る
三重韻假名付を近衛信尹に呈す

廿四日、晴、高野自性院より書札到來、予也讀書望之僧下山之間、可令同心之由被示之、彼僧一兩日中可來云〻、次三重韵与韵假名付可進之由近衛殿被仰下之間、卽假名付令持參、入夜歸宅、」

北野天滿宮法樂漢和御會
執筆として候す
北野社に詣し山科邸に赴く

(6ウ)廿五日、丙午晴、爲聖廟御法樂禁中有漢和御會、第上句御製、花綻霞綃絢、雨にみとりの青柳の糸、式部卿宮(邦房親王)、舞粧穿箔燕梅印(元冲)、一巡不及詳記、予執筆ニ祗候畢、申下刻退出、及黃昏聖廟へ參詣、歸路向山科亭、亥刻歸蓬蓽、今日漢和集雲(守藤)句ニ、鄕念北鄕《キタニムカフ》雁ト被出、嚮之字鄕ニ書替云〻、予云、月令ニ書替有之、雖然、鄕字ノ嚮向ニ通、作可爲仄平ニ被用例有之者可然由申候故、北鄕思鄕雁ト被改者也、

北野社に詣す
一七日祈願
高野の僧長深論語受講を乞ふ

廿六日、齋了、聖廟へ參詣、自昨日一七日參詣可申旨令祈願畢、次高野釋迦文院之僧長深(7オ)來、從自性院擧狀到來候之間、卽令對面」畢、件僧論吾(語、下同ジ)文字讀望云〻、次兼如(猪苗代)來云、下京紹

猪苗代兼如の依賴を冷泉爲滿に傳ふ

論語及び毛詩授讀

女御女院を請じ觀花宴を催す

秀賢等祗候す

筮勘

尚書及び論語授讀

冷泉邸にて披講の稽古をなす

論語授讀

來月中旬より毛詩板摺の報

論語及び和漢朗詠集授讀

雜筆往來加點了る

毛詩授讀

與万句興行云〻、就其題冷泉中將へ所望之由、予也可傳達由示之間、卽彼亭へ向、述旨趣
所冷泉領掌之間、令満足畢、次女御殿（近衛前子）より明日女院（新上東門院）御成也、可致祗候由被仰下、
廿七日、雨降、長深齋令相伴、論語五篇令受說畢、次花山院少將殿毛詩受說畢、次參番、
次女御殿へ參、女院御成、八條殿・照高院殿（道澄）・大覺寺殿・聖護院宮・近衛殿・光照院殿（尊貞尼）各
御成、內〻公家衆、廣橋父子・持明院中納言（基孝）・伯二位・平宰相（西洞院時慶）・同少納言・勸修寺宰相・
左馬頭・鷲尾宰相・正親町三條・阿野少將・富小路左衛門佐・猪隈少將・中院父子・滋野
井侍從・予等也、此外松木侍從祗候也、事外酒宴也、亥刻各還御、
廿八日、陰、巳刻筮勘之、次紹元來、尚書受說畢、次高野長深來、論吾自雍也至鄉黨受說
（7ウ）畢、次冷泉亭へ行、披講之博士令稽古、夜半前歸宅、」廿九日高野僧南命院賴深・泉榮兩人、
長深令同心來、各鵝眼二十疋進之了、
廿九日、高野僧三人來、論吾自先進篇至憲問授說畢、次比叡山僧（マヽ）僧來、出納將監（平田職清）令同
心、年始之爲祝義鵝眼二十疋進之、來月中旬より毛詩之板可摺始云〻、
卅日、晴、高野僧三人來、論吾自衞靈公篇至堯曰令授說畢、次又和漢朗詠上卷授說畢、授
說篇數雖多〻、予近日尾州へ可令下向、因有支度也、彼僧歸山亦近〻之故也、次雜筆往來
点出來之間、井家攝津守許へ遣之、次花山院少將殿令讀書來給、毛詩件宮篇授說畢、」

三月小

(8オ)

朗詠集授讀　參內　禁中源氏物語講釋　尾州下向の門出に冷泉邸訪問

一日、壬子、(國賢)家君ニ參、次高野僧三人被來、朗詠集令授說畢、自性院返札遣之、三人僧歸山云々、入夜御盃ニ參、先御前ニ參、今日三條西實條卿源氏物語就發起、源氏講被遊由有勅定、亥刻退出、次冷泉亭へ行、來四日尾州へ可令下向爲門出之也、双瓶重箱携也、夜半及歸宅、

闘鶏の觸狀

今朝、闘鶏之觸狀方々へ持遣、多分被加奉、

氷室に在る母に尾州下向を傳ふ　參番

二日、晴、新衛門氷室へ遣、母堂御住山之間、予尾州へ下向事申進畢、今日晝番中院侍從(通村)へ令相博、宿ニ參處、被召御前、數刻有御雜談、

(8ウ)

闘鶏

三日、晴、曉天霜厚、闘鶏ニ參殿上人四十余人也、其次第廻文ニ見タリ、「

來三日闘鶏三羽可令持參給之由、被仰下候、各可得御意候也、追申候、宿帋拂底之間、

先内々申入候、

三月一日　秀賢

頭辨殿光廣朝臣　大内記殿爲經朝臣　冷泉中將殿爲滿朝臣　左馬頭殿之仲朝臣　源少將殿重定朝臣

四條少將殿隆昌朝臣　右少將殿季康朝臣　冷泉少將殿爲親朝臣　三條少將殿實有朝臣　阿野少

將殿實顯朝臣　四辻少將殿季繼朝臣　左衛門佐殿秀直朝臣　藏人辨殿總光　藏人左少辨殿俊昌
左馬助殿久脩　吉田殿兼治　園少將殿基任　飛鳥井少將殿雅賢　平少納言殿時直　猪熊少將
殿教利　持明院少將殿基久　四條侍從殿澄敎　日野侍從殿光慶　內藏頭殿言緒　中御門少將
殿宗信　藤侍從殿永慶　万里小路侍從殿兼房」（9オ）　右衛門佐殿宣衡　中院侍從殿通村　廣橋侍從
殿兼賢　難波侍從殿宗勝　滋野井侍從殿冬隆　高倉侍從殿嗣良　白川侍從顯成　淸閑寺侍從
殿共房　堀川侍從殿康滿　右兵衛佐殿豐長　源藏人殿孝治　祭主殿種忠　新藏人殿泰重　秀才
殿在通

右各鷄進上也、參候衆十人余有之、次於親王（政仁親王）御方御所少々有鬪鷄、予せんわう・彌一召具、令參故也、

長橋局に申入る

次長橋之御局へ參、尾州へ罷下之間御所之事申入處、御心得之由被仰下、令滿足者也、次

諸家を禮訪す

家君へ參、次大聖寺殿（惠仙）・女御殿（近衛前子）・近衛殿（信尹）等今日御禮ニ參、次冷泉・山科亭へ立寄、明日之支度令相談畢、」

尾張熱田社參詣に發途す

（9ウ）四日、ヿ刻ヨリ出立、尾州ニ下向、先冷泉亭へ向、山科內藏頭兩三人令同道、予何も乘物、輿儓四人・荷持四人・鑓持一人・小者一人・靑侍一人、以上十一人召具畢、巳刻草津ニ令休息、水口ニ一宿、及薄暮雷雨甚、

水口泊

石藥師泊

五日、早天雨晴日出之程、出水口、午前關地藏ニ令休息、至石藥師一宿、

熱田着

六日、拂曉出石藥師、至四日市場、桑名ニ行、路頭迄宣阿彌冷泉爲迎出逢、桑名宣阿彌宿ニ令休息、則乘船、着熱田、四條道場之末寺龜井之道場之内僧阿彌坊ニ一宿、亭坊事外丁寧之振舞共也、」

熱田大明神參詣
寶藏下雨垂の内は地震にも震動せず

（10オ）七日、早朝令行水、熱田大明神令社參、透廊之内入、悉令見物、本社南面也、後ニ小社兩所アリ、此内東之方寶藏ト云ヽ、則草薙劒被藏所云ヽ、此寶藏之下不地震云ヽ、先年大地震之時處ヽ傳說之間、試處、彼寶藏下雨垂之内一切不震者也、雨垂外本社之下悉地震甚者也、奇妙ヽヽ、不及言舌云ヽ、」

（10ウ）（空白）」

勢多より歸宅す
伊勢土產

（11オ）廿一日、雨降、勢多より令歸宅、直ニ家君ニ參、路次中之樣躰雜談申畢、家君へ伊勢みやけに魚箸・文凾進之、母堂へふのり・御秡等進之、次全齋へふのり・御秡・文匣等遣之、

參番

廿二日、雨降、今日當番之間巳刻參番、勾當之御局へ伊勢御秡・のし一把進之、上樣へ美濃柿百進上之、有暫勸修寺宰相（光豐）御前へ可參之由被示之間、則御前伺候申畢、今日御千句之指合等被直之間、御連衆悉參候、及晩各退出、

存庵等來邸

廿三日、晴、存庵來、扇廿本進之、次元庵來、鰹廿進之、酙一盞、次法身院より書狀到來、

法身院の狀を聞く
宗甫等の書狀來る
山科言緒を訪ふ

秀賴職原抄外題執筆を秀賢に依賴す

近衞邸漢和御會

延曆寺題者の宣旨につき壬生孝亮と議す
言緒を訪ふ

久我通前を見舞ふ

女院御所にて演能あり

參番
來月三日四吟和漢會の執筆を命ぜらる

智藏坊來邸
毛詩板刻校正のため點本及び大全本を貸與す
女院御所にて演能あり

休間來間令對面、樣躰聞畢、次防州山口より神光寺（尊信カ）門弟兵部卿弟式部卿來、令對面、宗甫・
（11ウ）兵部卿等方より書狀共」到來、入夜山科內藏頭へ行、數刻打談、從近衞殿有使、廿五日漢
和可被遊、可致伺候云〻、

廿四日、晴、片桐市正（且元）許より書狀到來、秀賴（豊臣）卿より職原抄外題可書由被仰下故也、

廿五日、雨降、午刻晴、近衞殿有漢和御會、予也六句目申入畢、日沒之時分滿百、入夜退
出、來廿七日有御能、可致伺候之由、女院御所（新上東門院）より有御觸、

廿六日、晴、朝食ニ官務（壬生孝亮）へ行、延曆寺題者之宣旨爲相談也、午刻山科內藏頭亭へ行、尾州
國守野州へ先日罷下處、御懇之段爲禮使札可遣云〻、予也書狀共相認ことつて遣畢、及晚梅龍軒（竹田）へ行、其後久我殿（通前）へ行、見舞ニ行、有盃杓、

廿七日、晴、晨鐘之比女院御所致伺候、御能、廣橋大納言（兼勝）・勸修寺宰相兩傳奏申沙汰也、」
（12オ）大夫觀世、御能十三番有之、日入之比相終、後於御前數刻有酒宴、戌刻退出、令行水參番、則御前ニ被召、暫有御雜談、來三日四吟之和漢可被遊、愚也令致執筆云〻、

廿八日、晴、日出之後自番令退出之處、叡山智藏坊來訪、彼毛詩之一字板漸出來之間、近日
可令摩摺云〻、爲校正予也点本令拜借、大全本一冊是又令借與、辰刻參女院ニ、今日御能
後朝有九番、大夫ニ御扇被下、亥刻退出、

家康の上洛を大津に迎ふ

廿九日、晴、將軍（徳川家康）御上之間、大津迄御迎ニ行、矢橋より御船ニ被召、大津へ御着岸之間、
（12ウ）於船着懸御目、小關越ニ令歸宅、直ニ土御門左馬助（久脩）へ立寄、晩飡」有之、

四月大

日蝕
掃部寮御所を覆ふ
伏見に家康を訪ふ
國賢を訪ふ
參內

一日、辛巳　晴、日蝕申刻云〻、掃部寮御所褁之由告來間、早〻參　內、如例令褁畢、源藏人（竹內孝治）相催、褁様等見置畢、次巳刻許伏見へ行、大樹（徳川家康）へ御禮可申覺悟之處、御草臥之間重而可有御對面云〻、仍各歸宅、次家君（國賢）ニ參、次御盃ニ參　內、亥許退出、伯樂藤內來、馬爪髮そろへ畢、

水無瀬氏成來談す
參番

二日、壬午　陰、半□來談、次水無瀬中將（氏成）來談、晝間白川侍從（顯成）へ令相博、入夜參番、」

和漢聯句御會

（13オ）三日、雨沃、早朝從番令退出、整衣冠卽參　內、今日四吟和漢御會被遊、予也執筆可候之由內〻仰也、御發句、松に風音するを聞郭公左大臣（近衛信尹）
短霄檐雨長有節（周保）　書窓灯易曙集雲（守藤）
竹の葉分の月くらき空御製

山科言緒を訪ふ

百韻別ニ記之、及暮退出、入夜山科內藏頭（言緒）許へ行、

三淵藤利より烏帽子直垂借用を申入れらる
平田職清より借り三淵に渡す
秀賢等歳首を家康に賀す
諸大名公家衆もまた賀す
錯庵及び梅龍軒を訪ふ
竹田宰相に論語を講ず
智藏坊に毛詩御本を貸與す
壬生孝亮來邸宣旨案を渡す
因藏主來談す
參番
春秋公羊傳を貸下げらる
元冲錦繡段を進講す

四日、晴、存庵來、及晩九條殿(忠榮)御方御所ヘ參、入夜歸宅、薄暮三淵左馬助(藤利)許ヨリ書狀到來、示云、今朝諸大夫ニ被召加云々、然者烏帽子・直垂可令許借云々、予無所持之間出納方(平田職清)ヘ借ニ遣、則使者ニ渡遣畢、竹田宰相來、花山院殿(定熙)ヘ人足進之、

五日、晴、早朝到伏見、水無瀨中將令同心、於藤森山科內藏頭・六條(有廣)等出逢ヒ、御城ヘ各令同心出頭畢、今日大名衆其外諸大夫衆大樹ヘ年始之御禮被申云々、其次御禮可申入內存ニテ山科父子・六條・四條(隆昌)・予等烏帽子・狩衣令着用罷出之處、諸大名御禮申畢後、公家方(13ウ)禮可被請之由、內々被仰下、」仍諸大名▩▩〔百余人〕御流被頂戴、小袖一重充拜領、其間候▩便宜之處令見物、諸大名禮畢後、各禮申入、退出、晡時歸宅、及晩全齋令同心錯庵ヘ行、歸路梅(竹田)龍軒ヘ立寄令打談、初夜之程歸私宅畢、

六日、晴、竹田宰相來、論吾(語、下同ジ)一篇講之、森慶安來、五明三本進之、次叡山智藏坊來、毛詩御本摺本・同註本摺本小本一冊借遣之、次官務(壬生孝亮)來談、叡山題者宣旨爲談合也、宣案調之遣畢、次龍安寺眞珠院因藏主來談、

七日、晴、參番、被召御前、和漢懷帋被處々削改畢、次公羊傳疏被借下畢、

八日、微雨、於禁中南禪寺語(悟)心院冲長老(梅印元冲)錦繡段談義被申上、午刻參 內、午下刻談義相始、於黑戶有之、八條樣(智仁親王)・大覺寺宮(空性法親王)・曼殊宮(良恕法親王)御聽聞、鷲尾宰相(隆尚)・勸修寺宰相(光豐)・庭田少將(重定)・

冷泉爲滿歸京し秀賢これを訪ふ
山科言緒を訪ふ
松林院に遇ふ
土圭の十二支を書す
秀賢等伏見に家康を禮訪す
細川忠興を訪ふ
性院出京し秀賢これを訪ふ
竹田宰相に論語讀授
豊臣秀頼に進呈の三略に表紙を附す
山科及び壬生邸を訪ふ
花山院忠長の婚儀に赴く
明日錦繡段談義の觸
性院家康に候す
參番
元冲錦繡段進講
蹴鞠

山科少將(言緒)・中院侍從(通村)・予等聽衆也、詩三十首被申之、花山院殿へ人足三人進之、」

(14オ)九日、微雨、陰晴、夜前冷泉自尾州歸宅之由被示之間、齋了、立越彼亭、仕合之躰有雜談、自野州(徳川忠吉)金子二枚・馬一疋・小袖二重被送云〻、次山科少將亭へ向、有晩飡、興正寺(准尊昭玄)出逢、次南都興福寺松林院始而令對顏畢、次自　禁中土圭之十二支之書付被仰付、卽刻書付進之、

十日、陰、齋了、六條宰相・冷泉中將(爲滿)・四條少將・山科少將等令同心向伏見城、晡時加藤肥後守(清正)御禮ニ被登城之次、御前へ罷出畢、歸路長岡越中守(細川忠興)へ行、對面、暫有雜談、及薄暮歸宅、次今日性院(秀賢弟)(正脱カ)僧出京、徳庵處ニ被寄宿云〻、則立越、伏見之樣子令相談、夜半前歸宅、

十一日、晴、竹田宰相被來、論吾一篇讀之、次藤內來、秀賴(豊臣)へ可進用意三畧、染禿筆、出來之間、表帋自懸之、及晩山科亭へ行、次官務亭へ行、今夜花山院少將(忠長)殿納婦也、本願寺(14ウ)隱居門跡(教如光壽)息女也云〻、冷泉・山科令」同心見物ニ行、次自禁中、明日錦繡段談義有之、可令伺候之由御觸也、今日性院大樹へ爲御見舞伏見へ被越、人夫一人遣之、則被懸御目仕合云〻、

十二日、晴、及晩小雨、巳刻參番、冲長老參　內、錦繡段之談義被申上、未刻退出、及晩於紫宸殿有御鞠、八條宮・大覺寺宮・阿野少將・曼殊院宮・予等也、

十三日、朝間雨降、辰刻從番退出、伯樂藤內來、朝飯薦之、

大坂に赴く
平野長治邸に滯留す
片桐且元を訪ひ秀頼に謁見を申入る
且元に招かる
榜庵に遇ふ
秀頼に謁す
長治邸にて平野長時に會ふ
加藤清正新造の大船を見る
存庵等來訪

十四日、晴、藤内來、馬之血針成之、次冷泉馬引來、同令養生、次大坂へ下向、秀頼様へ爲御禮也、高尾性院・木食(應其)令同心畢、先伏見遠州(平野)許へ行、伏見浦より令乘船、日入之時分大坂へ下着、至平野己雲齋(長治)宅處、已雲今日上洛云々、然者雖留守ト令滯留畢、

十五日、晴、巳刻御調長印許へ行、長印へ足袋一足、同内義へ水引廿把、息男ニ銀扇一本遣之、數刻令打談、晩飡振舞畢、後、片桐市正(且元)宅へ行、有暫(15オ)片市正依御城被歸、則令對顏、錫二對市正へ遣之、○秀頼卿へ爲御禮令下向之由述之處、明日」御禮可然之由被示間、長印令同心歸宅、市正家中之人道和ト云入道ニ初而知音成畢、薄暮己雲齋宅へ歸畢、

十六日、晴、朝食片桐市正可被振舞由被示之間、僧正令同心向彼宅、於書院片市(片桐且元)相伴有振舞、此間榜庵被來、則令雜談畢、巳刻市正令同途御城へ登、有暫秀頼様御對面、御手取熨斗鮑給之、予秀頼様へ進物、御太刀一腰・三畧疎本一字不欠點也、黄帋書之、進之、則有御披見、御祝着之由也、次秀頼様御母堂(淀殿)様へ杉原一束・箔ノ帶ニ筋裁一筋上ニ置之進上、又秀頼様政所(千姫)様へ此時御姫様稱之、錫五對進之、午刻歸宅、次平野己雲齋嫡男五郎(長時)左衞門、加藤主計頭(清正)家中ニ居住也、今度被上畢、已雲齋宅ニテ出逢、舊時之事共令雜談、次主計頭舟新造也、事外之大船之由聞及之間、五郎左衞門爲案内者見物ニ行、船之長二十間、横五間餘歟、船(15ウ)中座敷三重、十六疊之」間有之、風呂等有之、驚目事中々筆舌非盡者也、於船中有振舞、船中浦景、夕陽雲閑、最可愛時節也、及黄昏歸宅、次存庵・宗紹、予下向之由聞及、見舞

片桐且元等に禮狀を遣す
歸路石清水八幡宮に詣す
伏見に泊す
加藤清正を訪ふ
山名豐國を訪ふ
豐國と共に家康を訪ふ
國賢を訪ふ
全齋及び國賢を訪ふ
法身院等來邸
錦繡段進講
覺深法親王參內す
花山院及び梅龍軒を訪ふ
御靈社旅所の勸進能を見る
女房能
冷泉邸に赴く
參番
千代丸食初
平野長泰來邸
近衞邸を訪ふ

ニ來、今日高尾僧正秀頼樣御禮被申之、
十八（七）日、晴、片市正處へ昨日禮狀遣之、則有返札、長印へ同遣之、巳刻出立、令上洛之次石清水へ參詣、末社等造營奇麗驚目畢、及暮天之間平野遠州（長泰）許へ立寄、伏見ニ一宿、僧正同一宿、
十八日、早朝加藤主計頭殿へ禮ニ行、榜庵相尋、奏者ニ相賴者也、則對面、有振舞、巳刻歸、次山名禪高（豐國）許へ行令雜談、有晩飡、則禪高令同心將軍へ參、暫有御雜談、白鳥之御振舞有之、及黃昏歸宅、則參家君、
十九日、晴、全齋へ行、次家君へ參、及夜法身院（眞海）・普賢院來、夜中女房衆俄ニ煩之間元丁召遣、卽時本復、」
（16オ）廿日、晴、冲長老參　內、錦繡段講談有之、予聽聞、及晩御室御所（覺深法親王）御參內、年始爲御禮也、薄暮歸宅、次花山院へ參、次梅龍軒へ行、
廿一日、巳刻御靈御旅所勸進能見物ニ行、大夫女房也、つれ同女房、女猿樂八九人有之、世人美人そろへと稱之、晩ニ冷泉亭へ行、數刻打談、
廿二日、晴、予三男千代丸（秀豐）食初也、家君・全齋等御出、鳶朝飡、巳刻參番、則御前ニ被召、大工衆ニ御用共申付畢、未刻平野遠江守來、晚ニ近衞殿へ參、依召也、高尾衆被來、山下

紹元に尙書授讀
存庵に春秋大全を返却す
法身院來談
北野社に參詣
國賢を訪ふ
尙書授讀
法身院來邸
金神札
國賢を訪ふ
參番
林羅山來邸
秀賢室病む
菊亭宣季元服し參內す
錦繡段進講
冷泉來談
山科及び國賢を訪ふ
國賢奈良へ下向す
冷泉邸月次歌會

公事、寺僧衆理運ニ被申詰云々、
廿三日、曉天より雨降、及夜陰、平遠劢歸宅、
廿四日、陰、及晩晴、紹元來、尙書讀書、五六ノ卷、次存庵來、春秋大全五策返遣之、次
高野自性院より書狀到來、油烟貳挺被贈惠、及晩風呂へ入、僧正(眞海・高尾法身院)來談、」
(16ウ)
廿五日、早朝令行水、聖廟へ參、歸路雨降、次參家君、次紹元來、尙書讀書、及晩法身院
來、今朝妙法院齋也、其歸云々、終日雨甚、
廿六日、雨降、大坂今中勘右衞門方より書狀到來、金神札取ニ來、法身院調之、遣之、及
晩家君ニ參、
廿七日、晴、參番、林又三郎(羅山)來、菓子折被惠贈之間、卽女御殿令進上畢、女房衆事外煩也、
梅龍軒廿八日晴被與藥、今日午刻菊亭(今出川宣季)侍從元服云々、名字宣季、申刻御禮ニ參 內、巳刻
冲長老參 內、錦繡段三十首被講之、
廿八日、晴、午刻冷泉來談、及晩山科亭へ行、次家君へ參、明日南都御下向云々、
廿九日、早々家君御出、南都御下向也、法身院同下向也、及晩冷泉亭へ行、次今出川(國賢邸)留守
見舞ニ行、
卅日、冷泉亭月次會也、午前向彼亭、日沒後歸宅、」

五月小

秀賢等家康を禮訪す
幸若舞參内
昨日の賀茂競馬に本願寺衆喧嘩あり
宿番
北野社參詣
冷泉邸を訪ふ
北野社參詣
梅龍軒等來邸
母を見舞ふ
北野社參詣
北野社參詣
北野社參詣
參番
山科言緒に馬具を返す
北野社參詣

（17オ）

一日、亥晴、巳刻冷泉(為満)・六條(有廣)・山科内藏頭(言緒)等令同心、大樹(徳川家康)へ御禮ニ行、日野大納言(輝資・資勝)父子・烏丸大納言(光宣)・飛鳥井宰相(雅庸)・勸修寺宰相(光豊)・土御門左馬助(久脩)・水無瀬中將(氏成)・藤侍從(永慶)等御禮也、各退出、予・六條・冷泉・山科・左馬助・日野等居殘、香(幸)若舞令聽聞、及晩歸宅、入夜御盃參、

二日、晴、梅龍軒(竹田)來語云、昨日競馬有喧嘩、本願寺青侍兩人當座及殺害、一人蒙瘡云々、相手未顯其名云々、當番令中院侍從(通村)相博、宿番參、

三日、晴、癸丑　飯後聖廟參詣、歸路冷泉亭へ行、

四日、晴、早朝聖廟へ參詣、午刻梅龍軒來談、次紹元來、次全齋來談、及晩母堂へ見舞ニ

（17ウ）

行、」予馬人々依所望進之、銀子五枚也、

五日、早朝聖廟へ參、午刻雨降、依蒙氣諸方へ不出頭、

六日、晴、早朝聖廟へ參詣、依蒙氣午睡、閑々可得宰我責者也、

七日、晴、早朝聖廟へ參詣、巳刻參番、終日候　御前、山科内藏頭へ馬鞍・鞦・腹帶・泥障等返遣畢、

八日、陰、從番退出、及聖廟參詣、於神前松梅院(禪昌)出逢畢、巳刻雨降、

國賢を訪ふ
國賢高野參詣より歸る
冷泉邸を訪ふ

九日、朝雨降、飯後今出川家君へ參、此中高野御參詣、夜前御歸也、及晩風呂へ入、冷泉へ行、

庚申待御遊

十日、庚申 四時從召參 內、今日庚申御遊晝より被催云〻、終夜盤上御遊共有之、晨鐘之比鬮取有之、予さらし一端取之、日出已前退出、

鬮取

(18オ)

國賢を饗す

十一日、晴、家君此中御旅遊之間、爲御慰進晩」飡、竹田梅龍軒・同宰相・全齋等請之、薄暮御歸、入夜參番、秀直(富小路)代、

參番

參番
錦繡段進講

十二日、晴、參番、錦繡段講尺有之、冲長老(梅印元冲)祒候也、聽衆、八條宮(智仁親王)・聖護院宮(興意法親王)・山科中納言(言經)・同內藏頭(言緒)・鷲尾宰相(隆尚)・伯二位(雅朝)・水無瀨中將(氏成)・庭田少將(重定)・阿野少將(實顯)・予等也、未刻大雨降、

大雨

不動尊御修法の觸狀達す

十三日、晴、從小川坊城(俊昌)、來十六日より御修法之由有觸、其狀、

從來十六日被行御修法候、脂燭可有御參之由被仰出候、宿紙拂底之間、先內〻可得御意候也、

五月十三日　俊昌

十六日

(18ウ)

左衛門佐殿(富小路秀直)　飛鳥井少將殿(雅賢)　藤侍從殿　」高倉殿(嗣良)　源藏人殿(竹內孝治)

十七日
源少將殿(庭田重定)　滋野井殿(冬隆)　極﨟殿(秀賢)
十八日
五條殿(爲經)　持明院少將殿(基久)　新藏人殿(安倍泰重)
十九日
左馬頭殿(五辻之仲)　四辻少將殿(季繼)　西洞院少將殿(時直)　內藏頭殿　源藏人殿
廿日
冷泉殿(爲親)　難波殿(宗勝)　新藏人殿
廿一日
四條殿(隆昌)　阿野殿　左馬助殿(土御門久脩)　園少將殿(基任)　極﨟殿
」

清涼殿御帳修理を傳ふ
國賢を訪ふ
良恕法親王に五妃曲加點を進ず
中院通勝及び竹內孝治を訪ふ
竹田宰相來談
甲子待に參內す

(19オ)
十四日、晴、出納方(平田職清)へ、清涼殿御帳可直之由申遣畢、相心得之由返答也、次家君へ參、次竹內門跡(良恕法親王)へ參、五妃曲令點進之、次也足軒へ行、次源藏人へ行、次竹田宰相來談、入夜甲子待ニ參　內、御人數、兼勝卿(廣橋)・雅朝卿(白川)・光豐卿(勸修寺)・隆尙朝臣(鷲尾)・氏成朝臣(水無瀨)・之仲朝臣(五辻)・實有(正親町)朝臣(三條)・季繼朝臣(四辻)・俊昌・通村(中院)・豐長(甘露寺)・予等也、廿色見物、御鬮取有之、予帯一筋・水引十把取之、鶏鳴後退出、戌刻雨降、

明日の不動修法準備のため參內す
北野社參詣
政仁親王祈禱あり
清涼殿にて不動護摩法を修せらる
清水寺正法寺に詣す
知恩院新造の堂を覽る
鎮宅靈符の本尊
曼殊院にて正覺院の法談を聽く
松浦鎮信全齋を訪ふ
秀賢全齋宅に赴く
亂酒
寶壽院に笥を求む
國賢を訪ふ
曼殊院にて法談聽問
鎮信來談
鎮信と共に國賢を訪ふ

十五日、陰、明日より梶井宮(最胤法親王)被修不動法、仍清涼殿御帳取置之役者等相具、出納早〻參由
及案內間、卽令衣冠參　內、御聽聞所等見計、未刻退出、次聖廟へ參詣、路次之間雨降、
及晩又雨降、」
(19ウ)十六日、陰雨、齋了、親王(政仁親王)御方へ參、今日御祈禱有之、內〻依有召也、晡時退出、自今夜
於清涼殿梶井宮寂胤法親王令執行不動法、入夜參　內、御撫物被渡之、
十七日、卯刻微雨沃、齋了〇祇園清水寺へ參詣、次靈山正法寺へ行、次智恩院新造之堂宇見物
ニ行、漸渡桁者也、於清水寺冷泉・四條出逢、歸路令同心、於四條道場之前表具屋ニ鎮宅
靈符之本尊令感得畢、今日當番晝許永慶(高倉)ニ令相博畢、
十八日、雨降、朝食ニ竹內御門跡へ參、也足軒・同侍從・鷲尾宰相出逢畢、齋了、台嶺正
覺院被參、圓頓者己界及佛界衆生界之處マテ被談之、令聽聞、未刻歸、次松浦肥前(鎮信)入道法
(20オ)印被來候由全齋より被示之間、卽全齋へ行、有晩飡、入夜閑話及亂酒、亥刻各」歸宅、雨
天之間輿儓召寄、家君奉乘、予步行歸蓬蓽、
十九日、雨降、寶壽院へ竹子取ニ遣之、及晩家君ニ參、午時竹門主へ參、圓頓者談義爲聽
聞也、
廿日、晴、松浦法印來談、朝飡薦之、午時うとん薦之、晩飡家君ニ御用意也、及晩家君へ

正覺院の法談終了す
中院通勝等と勸修寺邸を訪ふ
參內御修法結願
法身院及び蜜藏院秀賢邸に泊す
御修法の設營を撤收す
錦繡段進講
晝夜當番
高尾普賢院に鎭宅本尊を借る
參內
平野長時來談
高尾に登る
普賢院を訪ひ歸途心蓮院に

法印被向、予同參、松浦法印爲相伴、好庵召寄、唐墨二挺給之、彼好庵者牧庵昨彼老友之醫師之弟子也、於全齋始令面顔畢、
廿一日、晴、齋了、竹門主へ參、正覺院令伺候、圓頓者被談、爲聽聞也、午刻談畢、一軸今日終、次中院入道(通勝)・伯二位令同心、勸修寺宰相亭へ向、數刻相談之處、那須大良被來、有盃杓晩飡、亭主相伴、後歸宅、午刻松浦法印より太刀・馬代被贈云々、予留守之間使者歸畢、入夜參　内、御修法今曉結願也、仍脂燭ニ參衆、隆昌朝臣(四條)・基任(園)・基久(持明院)・嗣良(高倉)・予等也、兼勝卿番代令宿直畢、高尾法身院・蜜藏院玄存等一宿、朝飡薦之、
(20ウ)
廿二日、晴、御修法結願之間、御撫物奉返上者也、」其義於殿上請取、衞士ニ相渡、臺盤所之前階より衞士捧之、則請取、臺盤所妻戸相開、少褰御簾指入者也、勾當内侍被請取之、女中御撫物之運遣戸より返上之者也、次清涼殿御帳臺立之、出納下知之、御藏等參役之、次冲長老參　内、錦繡段有講尺、山科父子・中院入道・伯二位・鷲尾・庭田少將・阿野少將・予等聽聞、講畢後及第之事共有御尋、予一人候　御前者也、余各退出、當番晝夜相詰畢、今日高尾普賢院へ鎭宅本尊借用ニ遣、則到來、令祝着也、
廿三日、晴、爲通村番代參　内、酉刻退出、次入風呂、巳刻平野五郎左衞門(長時)來談、
廿四日、晴、巳刻高尾へ登山、
(21オ)
廿五日、晴、高尾普賢院へ朝食ニ行、」早朝下籠、休間中川九左衞門方へ遣之、歸路心蓮院

て和玉篇一字板を覧る
國賢を訪ふ
松浦鎮信に三略加點を遣す
論語講義
參番
天皇癰を病み給ふ
鞍馬毘沙門參詣
長橋局に至り天皇の病狀を候す
來月三日九條忠榮と豊臣秀勝女完子との祝言
全齋鎮信を招待す
秀賢これに赴く
鎮信より高麗茶碗等を贈らる

へ行、和玉篇一字板令見物畢、次聖廟へ參、次家君へ參、

廿六日、晴、松浦式部卿法印(鎮信)宗靜へ三略令點加奥書遣之、竹田宰相被來、論吾(語)季氏篇講之、次紹元來、

廿七日、晴、急朝飡、參番、請取番之故也、此間　主上御腫物氣也、昨今彌令腫痛云々、仍道三(曲直瀬玄朔)內藥進上也、

廿八日、戊刁　辰刻從番退出、齋了、鞍馬毘沙門參詣、未下刻歸蓬蓽、路次中陰々涼氣滿袂無炎蒸、及晩長橋局へ參、主上御腫物如何御見舞之由申入畢、次已雲齋(平野長治)より書狀到來、次大坂御城大藏卿・三爲(位)兩女房衆より上﨟へ書狀到來、來三日九條殿(忠榮)へ御祝言御酌ニ可令雇給由、告來者也、」

(21ウ)

廿九日、雨降、午前全齋へ行、今日松浦式部卿法印全齋へ請待、仍予爲相伴也、入夜法印歸宅、甚雨之故、予全齋ニ一宿、明朝早々歸蓬蓽、

六月大

一日、庚辰　雨降、松浦法印(鎮信)より高麗茶碗一ツ・唐墨十挺・伽羅香少許被贈惠、御弁より

天皇の病狀を候す
九條邸を訪ふ
中原邸を訪ひ播磨局と談ず
花山院忠長を訪ふ
玄首座障子越に天皇に藥を付く
九條忠榮納婦迎
淀殿羽柴秀勝の女を養女とす
冷泉爲滿來談
論語講義
天皇御惱殆んど平愈す
滿丸着袴初
冷泉邸及び山科邸を訪ふ
性院出京し來談
松丸髮置
寶壽院筍を持參す
池坊及び法身院來邸
祇園會

傳達也、及晩主上御腫物爲御見舞長橋御局へ參、膿血少出、御痛疼令息止給云〻、次九條殿へ見舞ニ參、來三日殿中納言殿(九條忠榮)へ岐阜之小吉(豐臣秀勝)息女御嫁娶云〻、仍事外有取紛也、次掃部(中原師生)頭之亭へ行、有盃杓、幡(播)磨御局出逢、數刻有御物語、次花山院少將殿(忠長)へ行、及對顏有盃酌、

二日、雨降、掃部頭へ鎭宅本尊借遣、到來之間、予也所持本尊令校處、相違共有之間直者也、」(22オ)參番、主上御腫物、紫野元首座(大德寺、玄首座)御藥進上之、於常御所障子こしに御藥をつけ申畢、

三日、晴又陰、彼是女房客人有之、今夜九條殿殿中納言(忠榮)御納婦迎也、其身三好小吉息女也、小吉死後、秀頼卿(豐臣)母堂(淺井氏)爲猶子養育也、今度秀頼卿母堂悉皆御造作也、路次行粧擔物等驚目者也、

四日、晴、冷泉爲滿來談、竹田宰相來、陽貨講之、及晩主上御腫物見舞參　內、大半御驗氣也、

五日、晴、愚息男滿丸(後、秀相)五歳着袴初、於家君(國賢)亭被催之、早朝向今出川亭了、次冷泉亭へ行、次山科亭へ行、及晩高尾木食・性院御出京、愚宅令來談給、次御千代丸(秀豐)領下炙治、

六日、晴、御松丸髮置也、次寶壽院來竹子給之、次清涼寺池坊來、予行水之間不及對面、次法身院來、」

(22ウ)七日、晴、祇園會、家君・母堂・全齋・同御弁・性院・同法身院(眞海)等令出給、薦朝飡、齋了、

九條家を禮訪す

國賢九條邸を禮訪す

參番

平野長時の書狀來る

國賢及び德庵を訪ふ

秀賢室大藏局を訪ふ

秀賢室九條忠榮夫人を訪ふ

花山院定熙に招かる

家康伏見より二條城に入る

秀賢二條城に赴く

家康を訪ふ

九條忠榮より返禮あり

九條殿御祝言御禮申ニ參、關白様(九條兼孝)へ御樽二荷・三種くま引五・昆布三束・するめ十れん、殿中納言殿へ三荷三種昆布五束・くま引十枚・するめ十れん、同御簾中へ三荷三種昆布五束・鯛廿枚・するめ十れん進之、朝山宮内少輔(幸綱)目録計披露也、御盃頂戴、(御對面)有暫退出、新衛門御樽ニ付而遣之處、中納言殿より帷壹ッ被遣之、御簾中より帷二ッ被遣之、新衛門令滿足者也、今日雖當番鷲尾(隆尚)令相博畢、

八日、晴、家君九條殿へ御參、先於愚宅令支度給、御方御所(九條忠榮)御對面云々、次參番、鷲尾宰(23オ)相番代也、次平野(長時)五郎左衛門方より」書狀到來、返書幷性院より醫書三冊遣之、半井之骨髓云々、入夜家君へ參、次德庵へ行、僧正數刻打談、

九日、晴、女房衆、秀賴公御母堂之乳母大藏卿、隣華ニ此中逗留之間、見舞ニ行、十帖一包遣之、午刻大藏卿より返禮、十帖一巻到來、入夜九條殿若[redacted]御上様へ女房衆參、三荷三種進之、法身院一宿、

十日、晴、花山院大納言殿(定熙)へ振舞ニ行、巳刻大樹(德川家康)自伏見到二條城御上、及晩二條城ニ參、今日爲御草臥無御對面、

十一日、晴、午刻水無瀬中將(氏成)・烏丸頭蘭(光廣)令同心大樹へ參、則懸御目、次高尾性院僧正大樹へ御禮被申候、予中入畢、歸路頭蘭へ立寄、入夜歸宅、今朝九條殿殿中納言殿より唐嶋單

參番
家康を訪ふ
九條邸を訪ふ
平野長泰來邸
家康を訪ふ
霍亂
家康の參內準備の觸至るも病のため出仕せず
平野長治來邸
家康參內延引
女院より嘉定の饅頭を賜ふ
秀賢母來邸
病のため參番せず
長治に屛風を渡す

衣一・帷子二ツ給之、先日御返禮也、御使服部忠兵衛令對面酧一盞、
(23ウ)十二日、晴、齋了參番、未刻退出後、水無瀬中將」爲同心二條城へ參、無御對面、次九條
殿昨日御禮ニ參、御對面、有御盃事、入夜參番、午刻平遠江守(長泰)來、
十三日、飯後大樹へ參、令(マヽ)水無瀬中將・頭蘭令同心畢、花山院御父子(定熙・忠長)是又令同心、未刻退
出、霍亂氣之間、雖未晩入寢處、
十四日、晴、明後日大樹御參　内云々、仍內裏御取置ニ可參之由勾當局より被觸之、然共
腹中散々之故、不參　內、巳刻竹田宰相召遣藥服之、
十五日、腹中未平復、平野大炊(長治)殿來臨、鵝目三十疋給之、年始之故也、
十六日、早天雨降、今日大樹御參　内云々、從雨延引、午前より晴天、次竹田宰相來、從
女院(新上東門院)嘉定饅頭給之、及晩母堂令來給、
十七日、晴、雖當番從腹中煩不參、長橋御局迄御理申入畢、次築紫相樂內衆歸宅、干飯五」
袋給之、
(24オ)十八日、晴、晡時小雨沃、飛鳥井より郡村之義ニ有使者、千勝寺村より井手之事被懇望云
々、於予難同心由申之、
十九日、晴、平大炊入道より新八預置金屛風取ニ來間、二双相渡者也、此內隻失却、巳刻

竹田宰相全齋冷泉等來邸

家康參内秀賢病のため不參明醫一貫來り萬應膏を贈る詩を賦す

徳庵來邸

紹元香薷散を贈る

北野社參詣家康興行の能樂を二條城に覽る

見物の公家衆

大炊入道薦朝飡畢、
廿日、晴、竹田宰相予也煩見舞ニ被來、午刻全齋來談、晩飡薦之、入夜冷泉來談、
廿一日、晴、午刻雨沃、
廿二日、晴、大樹御參　内云〻、予也雖當番依爲病中不參、巳刻明朝醫師一貫來、萬應膏
三貝給之、數刻打談、卽席述詩云、尊顔未會聽名淸、文學才能冠賈生、一刻交談胸芥掃、
芳情却勝故人情、林和拜、
廿三日
〻〻〻」
(24ウ)廿三日、晴、徳庵來、
廿四日、紹元來、香需（薷）散一包給之、
廿五日、晴、微明聖廟へ參、次殿中御猿樂見物ニ參、大夫觀世、矢立賀茂・八嶋・二人靜・
舟弁慶・生贄・三輪・是界・返魂香・山姥・養老・二人靜之後、大夫ニ百貫一重被下之、其
外座者悉單袷給之、公家衆、烏丸父子・飛鳥井父子（雅庸・雅賢）・藤宰相（高倉永孝）・廣橋弁（總光）・花山院大納言・徳
大寺（實久）・日野宰相（資勝）・堀川侍從（康滿）・予等也、予二人靜・舟弁慶之間大樹そばニ伺候、又返魂香・
(25オ)山姥・養之（老脱）間御前ニ伺候畢、惣別公家衆之座敷大樹之御座之間以屛風被立切、御自由」御見
物之故也、一乘院門跡（尊勢）同公家衆座敷ニテ御見物也、池田三左衞門（輝政）・毛利宰相（秀元）・對馬屋形（宗義智）・

九條忠榮及び國賢を訪ふ

加藤主計頭(清正)等同座有之、及晩殿中納言殿(九條忠榮)へ參、次家君へ參、

禁中書籍蟲拂

廿六日、禁中御書籍虫拂也、辰刻參　內、入夜退出、夕立、

禁中書籍蟲拂
家康相國寺に赴き海上仙方を禁中より借覽す

廿七日、晴、禁中御虫拂也、今日大樹相國寺之兌長老(西笑承兌)幷圓光寺(三要元佶)へ御成、禁中御書籍之內海上仙方有之由先日令語申處、御一覽有度由被仰之間、今日主上へ申入處、則可令持參被仰出間、則兌長老之室へ相向、卽大樹懸御目畢、御一覽之後卽可致返上之由大樹被仰之間、(25ウ)則令持參」內、當番也、

禁中書籍蟲拂
子平三命通變

廿七八ミ日、晴、禁中之虫拂也、從早〻參　內、今日御書籍共悉取置、入御書藏畢、其次子平三命通變一冊全勅本申出畢、入夜退出、性院御出京、

德庵來談
近衛邸に赴く

廿九日、德庵來談、高尾衆來、明一夜、及晩揚明へ參、

卅日、晴、高尾衆へ朝食薦之、依令心痛、名越秡不參　內、及晩高尾衆歸山、

七月小

寶壽院及び國賢等來邸

一日、庚戌　晴、寶壽院來談、次家君(國賢)御出、治部卿・普賢院等來談、治部卿勸修寺黃門(光豐)へ行、(26オ)予也添書狀」畢、

庭田重定來談

次庭田少將(重定)來談、御盃不參、

寶壽院を介して銀子七百匁を借る
德庵來り祐乘房高尾出入を談ず
冷泉來邸
性院出京
烏丸光廣來談
冷泉邸月次歌會
詠歌のみ遣す
佐久間久衛門に祝儀を遣す
三淵藤利に敍爵の口宣を遣す
平野長時に書狀を遣す
德庵來談
花山院邸に赴く
德庵來談
祐乘高尾出入のこと相濟む
性院所藏の硯を心蓮院を經て入手す
眞西休間來邸
七夕
中院通勝に禮書を貸す

二日、雖當番、從所勞白川侍從(顯成)殿令相博畢、早朝宗春寶壽院方へ遣、寶壽爲媒介銀子七百匁借用畢、次德庵來談、祐乘(瑞久)坊高尾出入之事令相談、未濟云ミ、次冷泉(爲滿)來談、次高尾へ新五衛門遣、卽性院御出京、於寶壽さけ槌竹壹本令所望、

三日、晴、高尾普賢院來談、同大智院中將來、次烏丸頭(光廣)蘭來談、今日冷泉亭月次會也、予也用所有之故不出、雖然短册被持送之間令詠之遣畢、夕立、入夜敬俊來、

四日、晴、左久間九(久)衛門女中天朔誕生女子云ミ、日取共書付遣之、從女房衆爲祝義双樽兩種遣之、次三淵伯耆守(藤利)へ伯耆守幷敍爵之口宣持遣之、卽有返札、次平野五郎(長時)左衛門へ書狀遣之、有返札、次德庵來談、次性院僧正歸山、」

(26ウ)
五日、晴、花山院へ晩飡ニ行、德庵來談、入夜德庵へ行、心蓮院・普賢院等出逢、數刻打談、

六日、晴、德庵・心蓮院來義、祐法(祐乘坊法印)高尾出入之事、德庵・心蓮院爲拵相濟者也、高尾手前予也請乞先相(畢、)濟高尾存分相(不)濟樣子、干今不始なから予以腹立此事也、未刻夕立如車軸、入夜晴、性院此中所持之硯心蓮院へ被遣之間、予又心蓮院へ令所望處、則被恩惠畢、予祝着、則從此方硯兩面遣之、次眞西休間來、薦晩食、令歸畢、

七日、晴、拂曉令行水、靈符祭之、次從冷泉大樹(德川家康)へ可參哉被相催、予也人足不合期、不同

心、次從也足軒(中院通勝)書狀到來、禮書借用之間被勅物全本十册入箱遣之、」

諸家を禮訪す

(27オ)家君今日禮ニ參、次楊明(近衞信尹)へ參、扇哥申入處則被遊被下、忝次第也、次西洞院(時慶)令同道聖護院(興意法親王)宮へ參、次竹内門跡(良恕法親王)へ參、次殿中納言殿(九條忠榮)へ參、次鷹司殿(信房)參、次二條殿(昭實)へ參、何も御對面、有盃杓、及晩親王(政仁親王)御方へ參、異躰之故御乳母人へ申入退出、次女御殿(近衞前子)へ參、是又左衞門督局へ申入候也、次女院(新上東門院)御所へ參、少納言局へ申入退出、次從大外記(中原師生)錫給也、次從久我大納言殿(敦通)帷子壹ツ被惠之、竹田宰相禮ニ被來、今日雖當番晝間菊亭侍從殿(宣季)へ相博、入夜御盃ニ參、則宿番、

宿番

蹴鞠の御遊

天皇蹴鞠を好むこと切なり

八日、晴、一條殿(内基)・八條殿(智仁親王)・聖護院宮・大覺寺宮(空性法親王)御參内、有御鞠、自未明被始之、主上同被遊、飛鳥井宰相(雅庸)・同侍從(雅賢)・難波侍從(宗勝)・阿野少將(實顯)・四辻少將(季繼)等御人數也、今度御黑戶東、御文庫南、被搆御懸敷板敷鞠垣悉連網也、此比主上切〻御鞠被遊之故被搆之、日沒之比各退出、今日御鞠爲見物衆廣橋大納言(兼勝)・中院入道(通勝)・伯二位(雅朝)・鷲尾宰相(隆尚)・勸修寺新中納言(光豐)被參、甘呂寺(豐長)・予・祭主(藤波種忠)兩三人爲御配膳參、從九條殿關白(兼孝)樣靑門五十被贈下、又從二條殿靑門七十被贈下、例年如此、」

祐乘と高尾百姓との紛諍解決のため高尾に赴く

(27ウ)九日、晴、祐乘與高尾百姓之申分有之、此中德庵相拵濟寄之間、爲其究高尾へ登山、從後德庵是又登山、高尾衆存分雖有之、公事繁多之間、兎角公儀ニテ沙汰如何之間、十ノ物七

參內

祐乘坊を訪ふ

全齋及び中院通勝を訪ふ

穴澤雲齋等に青門を贈る

通勝武王紂伐を謠に作り秀賢に評を求む

生見玉の祝儀

禁中庚申御遊參內

鬮取

八も搆ニ被免可被濟之由達而申間、同心漸也、予今夜御目出度事ニ參　內間、急速ニ[redacted]雖可令歸宅、[redacted]彼是隙入、日沒以後歸宅、則參　內、宮門跡御不參、廣橋大納言・万里小路大納(充房)言・持明院中納言(基孝)・中院入道前中納言・勸修寺新中納言・伯二位・藤宰相(永孝)・鷲尾宰相・四辻少將・廣橋右中辨(總光)・坊城左少辨俊昌・山科內藏頭言緒・松木侍從宗信・藤侍從永慶・万里小路侍從兼房・中御門右衞門佐宣衡・廣橋侍從兼賢・高倉侍從嗣良・滋野井侍從冬隆・白川侍從顯成・甘呂寺右兵衞佐豐長・予・祭主・新藏人等也、夜半前退出、

(28オ)十日、晴、早朝德庵令同心祐乘坊へ行、今度」一義爲搆同心禮也、[redacted]次全齋へ行、今日全齋女房衆家君へ生見玉也、仍竹田法眼・同宰相出逢、終日槃上遊興消永日畢、入夜也足軒へ行、他行也、

十一日、晴、青門廿穴澤雲齋へ遣之、次青門十五冷泉中將(爲滿)へ贈之、次青門卅南禪寺語(悟)心院(梅印元冲)贈之、巳刻白川亭へ向、也足軒出逢、武王殷紂征伐之處謠ニ被作、予ニ談合之間、少存寄分令申畢、午刻家君・母堂御出、今日生見玉爲祝義也、竹田梅龍・同女房衆・同宰相・全齋・同女房衆・德庵・同母等來、祝義重疊也、入夜庚申ニ參　內、酉刻有御鞠云々、飛鳥井父子・難波侍從等則庚申ニ被召加、惣而御人數、八條宮・妙法院宮(常胤法親王)・阿野少將・小川坊城・猪熊少將(教利)・水無瀨中將(氏成)・白川侍從・左衞門佐・予等也、曉天有鬮取、予鬮札認之、

宿番
祖廟に詣す
國賢先著す
廣橋邸冷泉邸に赴く
伏見に赴く
德川忠吉及び家康を訪ふ
冷泉より燈籠を持參す
鷄冠井村用水の紛爭濟み所司代に禮使を遣す
紹元より性理字義を借り三國志等を貸す
法身院孝海大僧正に任ぜらる
盂蘭盆會參內
主上より藻鹽草返却
三寶抄出記等拜領
甲子待

予太刀ト圓座拜領、無之衆一兩人有之、乍次爲兼勝卿代參宿番、」

(28ウ)十二日、晴、早天令退出、寶壽院御廟へ參、予退出遲ゝ之間、家君拂曉御出云ゝ、巳刻家君令御供歸蓬華、今日當番令相博、大工源左衛門方へ銀子渡之、宿番ニ參、

十三日、齋了、右中辨(廣橋)亭ニ向、次冷泉亭へ行、伏見ニ行、先德川下野守(忠吉)殿へ行、銀扇五本進之、次武將(家康)へ參、無御對面、申刻歸蓬華、

十四日、晴、早天、從冷泉灯籠持給、內ゝ於七條誂之物也、次坊城臺中納言有使者、鷄冠井村用水之事、西土州ト申分有之處相濟間、板倉伊賀守(勝重)へ各連署ニテ爲禮可遣使者云ゝ、(29オ)令同心畢、午前紹元來、瓜廿惠之、性理字義持來、則令借用一覽之、」紹元ニ三國志・華他傳令借與、次灯籠　內へ進上畢、午刻參番、御灯籠被見也、

勸修寺新中納言許より、法身院孝海僧正贈大僧正勅許之由被告知、則口宣被持下、奉行弁廣橋右中辨總光、上卿持明院中納言也、

十五日、晴、早ゝ退出、齋了、參　內、御灯被出淸涼殿西北緣へ被見之、入夜灯籠共常御所へ入、又灯之、申刻御前へ被召、藻鹽草被返下、又きれ〲の草子共可撰取之由被仰之間、三寶抄出記一冊・聯句集一冊・朗詠註一冊・達磨太師安心法門等令拜領畢、今夜甲子待ニ卽伺候、御人數、聖護院宮・曼殊院宮(良恕法親王)・廣橋大納言・中院入道中納言・勸修寺新中納言・四

燈籠拜領
國賢及び近衞邸を訪ふ
三宮屋敷作事を見る
東河原燈籠見物

清水寺參詣
數度叫瀉
調中散

御靈祭
全齋來談

紹元三國志等返却
冷泉邸に赴く
全齋を訪ふ
華撥丸
紹元來邸
壬生孝亮に年代記を貸す
論語講義
北野社法樂和歌會の觸

辻少將・鷲尾宰相・正親町三條實有・小川坊城・甘呂寺・左衞門佐・阿野少將・予等也、鷄鳴之後退出、

十六日、晴、從内御灯籠拜領、藥屋藥種共取遣、次家君へ參、次陽明へ參、女三宮様（清子内親王）御屋敷御殿作事揚明令御供見物畢、入夜山科・冷泉令同心、万灯籠見物ニ東河原出畢、歸路山科亭へ立寄圍碁、及鷄鳴歸蓬華、」

（29ウ）十七日、晴、腹中氣也、仍空腹清水寺へ參詣、午前歸宅、次全齋へ調中散取ニ遣之、數度瀉開、雖當番白川侍從へ令相博畢、

十八日、晴、今朝腹中大方相とまり畢、及晩全齋爲見舞來談、御靈御祭禮有之云〻、不見物、

十九日、晴、紹元來、三國志・華他傳返之、即收申畢、及晩冷泉亭へ行、冷泉より先刻來廿八日月次會之由被觸、題、夜深聞萩、入夜乘凉全齋へ行、月出之後歸蓬華、

廿日、晴、華撥丸調合、次紹元來、官務（壬生孝亮）へ年代記借遣之、

廿一日、晴、竹田宰相來、堯曰篇講之、論吾（語）一部終功者也、

來廿五日可有北野御法樂和歌御當座、各可令參給之旨被仰下候也、七日廿一日、　光豐

廣橋大納言殿　入道前侍從中納言殿　伯二位殿　平宰相殿　飛鳥井宰相殿　三條宰相中將

（30オ）殿　鷲尾宰相殿」頭辨殿　阿野少將殿　四辻少將殿　左衞門佐殿　藏人辨殿　飛鳥井少將殿　平少納言殿　猪熊少將殿　藏人式部丞（秀賢）殿

右御觸折帋、自長橋之局被觸之間、加奉了、

九條忠榮より川漁に誘はる

全齋より得効方を借る

次自殿中納言樣爲服部忠兵衞御使、明日御在所之近所川狩ニ可有御成、可參乎之由被仰下之、予也明日當番致相博可參之由御返事申入畢、次全齋得効方借寄、令一覽卽時返獻畢、次西洞院より有使者、今晩中院入道・伯二位來談也、予也可來云々、雖然折節客來之條不行、

京都町中大地震の風說流る

高倉嗣良より相博之間、宿番ニ參　内、今夜大地震廿一日可催來之由風說、洛中洛外專なる間、京中町人不寢云々、内裏ニモ乍風說被驚、鷄鳴時分より上格子也、少も不地震、一犬吠虛万犬吠ト可謂者也、

庭田重定より雲雀を贈らる

參内

平野長時の書狀來る

山科言緒婚姻

（30ウ）廿二日、晴、町人來云、夜前丑刁刻可地震由」雜說故、世間騷動以外也云々、次自庭田殿雲雀十被惠、予也腹中氣之砌令祝着畢、次冷泉へ使者遣之、訪夜前雜說畢、當番參　内、終日候　御前、平野五郎左衞門より書狀到來、今夜山科内藏頭へ有嫁娶、新庄越前（直定）女子云々、

龜屋榮任躍興行

紹元を訪ふ

廿三日、晴、性院喜多坊御出、今晩龜屋榮任躍興行、下立賣衆五十許不殘相催云々、予他適之間不見物、美麗盡金銀云々、午刻より紹元處へ振舞ニ行、終日打談圍碁、入夜予賦一絕云、打談且歇手談攻、相對不知炎日終、竹隱得閑無世慮、解君是慕晉賢風、紹元和答、予又和答云、又　重屬酒

盃留貴袖、主人情厚興難終、此筵不厭到深曉、歸計應期月下風、又紹元有詩作、予和之云、
(31オ)君詩練漉又研精、同友社中名獨清、和答醉眠都不作、愧殊李白數盃傾、月出後歸」蓬蓽、

般舟三昧院供養に參勤の觸
不參を乞ふ
廣橋總光來談
神職の寺院役差支えなし

右中辨(廣橋總光)より、明日於般舟三昧院有御經供養、布施取可令參勤云々、此中腹中相煩得驗、雖致參番長座如何之間、相理之處、次へ可相觸云々、仍予不參、午刻右中辨來談云、祭主(藤波)神職寺院之間、寺院之役義不可相勤之由申之云々、予云、先年御懺法講之時、吉田左兵(衛脱カ)佐(兼治)以下神職之衆布施取ニ不可參勤之所存雖有之、以道理勅定之間、各參勤也、然上ニ何寺院之役不勤之乎、右中辨同心也、仍明日祭主向般舟院云々、

陽光院正忌

廿四日、晴、於般舟院御經供養有之云々、導師、(以下一行分空白)

性院來宿す

及晩性院令來給、卽一宿、

北野社參詣
冷泉邸に赴く
清凉殿東庭に新しく井戸を掘る
夕立

廿五日、晴、拂曉聖廟へ參、歸路冷泉亭へ向畢、次東寺寳嚴院(空盛)來談、次爲俊昌代參番、及
(31ウ)晩退出、未刻清凉殿東庭被掘新井、予也申付畢、及」黃昏夕立、性院一宿、

連日の炎暑に京都渴水
新らたに井戸を掘る

廿六日、晴、性院滯留、喜多坊・休間等豐光寺へ被行、及晩雨降、此中炎日打續、上京中渴水以外也、予也後庭井水盡之間、新又令掘畢也、德庵來談、家君幷全齋來談、

晚大雨

廿七日、晴、所用有之之間、雖當番俊昌令相博不參 內、及晚大雨降、幾度降、性院一宿、

清子內親王鷹司信尚に降嫁

今夜女二宮(清子內親王)へ鷹司中將(信尚)殿嫁祝云々、

冷泉邸月次和歌會

廿八日、陰、冷泉亭月次和哥會也、兼日題、夜深聞萩、會帋令淸書、巳刻向彼亭畢、當座二首、探得冬朝・旅宿雨題、入夜歸宅、晡時雨降、

井水汲につき喧嘩

廿九日、晴、新井堀終(マヽ)、才藏爲代官鞍馬寺へ令參詣、未刻歸、札進之、此中渴水故、從廣橋大納言二本松之井水被汲處、今日町人出逢、下部共打擲云々、仍後事見廻行、彌以理不宮(盡カ)之沙汰云々、歸路向庭田少將亭、門內立談畢、治部卿來一宿、內々番欠改云々、阿野被召加內々云々、

八月大

八朔太刀進上

伏見行を中止

壬生孝亮來談諸家訪問

鷹司家の婚儀に祝儀進上

朔、己卯　陰、早朝金覆輪太刀進上　內、即被返下、次親王(政仁親王)御方同進之、次近衛殿(信尹)絲卷太刀進(32オ)之、今日伏見大樹(徳川家康)へ可參之由冷泉令約諾、然共人足依有」相違事不參、錯庵よりちいさ刀到來、昨日令借用故也、午刻官務(壬生孝亮)來談、次九條殿(兼孝)參、次一條殿(內基)參、次揚明(近衛信尹)へ參、次家君(國賢)へ參、次聖護院宮(興意法親王)へ參、次大聖寺殿(惠仙尼)へ參、次曼殊院宮(良恕法親王)へ參、次二條殿(昭實)へ參、方々事外令沉醉、御盃不參、去月廿七日、女三宮(淸子內親王)鷹司中將殿(信尚)御嫁取故有祝義云々、仍各御樽進上、予也今日進之、御肴三色昆布三束 鯛十・鯣《スルメ》十連・御樽二荷女三宮へ進之、同肴三色・御樽二荷鷹司中將殿

清子内親王及び鷹司信尚を禮訪す
參番
勸修寺光豊中納言敍任
番組改易さる
高雄の治部卿來宿
水無瀬氏成來談
全齋を訪ふ
子平大全書寫終る
庭田重定に日本紀神代巻を貸す
梅龍軒を訪ふ
嵯峨より材木到來
西洞院時直に桃を贈る
從五位に敍せらる
敍位につき坊城邸等を訪ふ

へ進之、女三宮様より使青侍ニ帷壹つ被下之、
二日、晴、庚辰 齋了、女三宮へ參、昨日雖進御樽依令沉醉不參、仍今日着烏帽子・狩衣鷹司殿
御兩殿へ參、卽鷹司中將殿御對面、巳刻參番、勸修寺宰相(光豊)依被任中納言、番組改易、番頭
万里小路大納言(充房)・藤宰相(高倉永孝)・四辻少將(季繼)・中院侍從(通村)・予等也、晡時御前ニ被召、御手つから杉
原一束・銀子一枚被拜領、勅定忝次第也、四辻少將同拜領也、兩人計也、
三日、小雨降、巳刻以後大雨甚、治部卿來一宿、」
(32ウ)四日、雨降、女三宮様より御肴三色、干鯛十枚・鯣十連・昆布三束、御樽三荷拜領、次水無
瀬中將(氏成)來談、次全齋へ行、晩飡有之、打碁數盤、次花山亞相(定熙)より書狀到來、次治部卿來談、
一宿、
五日、雨降、子平大全終書寫功、令表帋、治部卿一宿、庭田少將へ日本紀神代一巻借遣之、
六日、陰、早朝梅龍(竹田)へ行、今朝家君・全齋等被申入、仍予同行畢、晡時歸蓬蓽、午刻甚雨、
次嵯峨寶壽院より栗木堅柱廿本・竹廿本到來、西洞院少納言(時直)へ桃實一鉢遣之、右中辨俊昌(坊城)
之許より有使者云、予也從五位之事今日勅許云々、予留守之間使者歸、
(33オ)七日、晴、早朝向右中辨亭、昨使之旨」尋之處 勅許云々、滿足此事也、則參勾當之御局
へ參忝(マヽ)由申入畢、次近衞殿參、勅許之由申入畢、是又自拙子御滿足之由被仰、忝次第也、先

参番
御蹴鞠

坊城俊昌に少納言侍従の小折紙を遣す

梅龍軒及び冷泉邸に赴く

竹内孝治に豊國社神樂下知の事を指南す

壬生孝亮より鰑を贈らる

水無瀬氏成來談

近衞信尹より任官の事を問はる

阿野實顯廣橋總光來談

竹内及び中原邸に赴く

參番

參番
蹴鞠

烏丸光廣來談

俊昌に式部少輔の小折紙を

度東坡表紙修補之事被仰之由、令細工則持參申畢、次參番、則參御前、有御鞠、飛鳥井（雅庸・雅賢）父子・難波（宗勝）・阿野（實顯）等被召之、午刻八條宮（智仁親王）御參也、及晩俊昌許より口宣送給、今月一日敍從五位下書付之、

八日、晴、齋了、向俊昌亭少納言之事申入、卽小折帋遣之、同侍從小折帋進之、明日可被（33ウ）披露契約也、次梅龍軒へ行、數刻」打談、入夜冷泉亭へ行、夜半前歸蓬蓽、亥刻大雨、

九日、陰、竹内（孝治）來談、來十三日於豐國社可御神樂由被相觸、如何可下知哉由及談合之間、出納方（平田職清）へ可被下知由令指南、一通之案書與之畢、官務より鰑肴被惠之、次竹内母義始而來義、兩肴双樽被惠之、入夜水無瀬中將來談、

十日、陰、大工來、卯刻至巳刻雨沃、次從近衞殿被召下、則令伺候、予任官之事、何之官可然哉之由被仰之間、四府佐・式部少輔之內可然乎之由申入、退出、次築地破損之處被先作壁畢、次珠三來談、次阿野少將・廣橋辨來談、廣橋辨今月一日被任頭辨云々、阿野從四位被敍云々、入夜參番、重定朝臣代也、

十一日、陰、竹内へ行、次掃部頭（中原師生）へ行、入夜參番、廣橋頭辨代也、紫宸殿取置屛風立之、」

（34オ）十二日、晴、參番、有御鞠、大工來、

十三日、雨降、大工來、烏丸頭蘭來談、次小川坊（坊城）へ式部少輔之小折帋遣之、及晩　勅許之

遣す參番
豐國社祭禮式部少輔の口宣到來
豐國社祭禮町衆風流躍を催す
天皇紫宸殿にて御覽
國賢を訪ふ
秀賢等東川原にて月見、
豐國社に神樂奉獻
御靈會
平野長治氷室黑木釜にて湯治
豐國社伶人舞樂を見る
吉田兼見及び兼治と談ず
有法來邸
總光を訪ふ

由被告知、口宣未到來、入夜參番、基孝代也、
十四日、陰晴、今日豐國社祭禮、馬二百疋相渡云〻、小川坊城より式部少輔之口宣到來、
令珍重者也、今月一日拜任之分也、
十五日、晴、今日爲豐國祭禮、上下京地下人催風流、上京より三百人、下京より二百人、
都合五百人、一樣ニ持作花、箔生帷、美麗驚目者也、禁中へ懸御目、於紫宸殿被御覽也、
終日候　內、日沒後退出、入夜家君へ參、今日之樣子令申候、次予今度口宣等懸御目畢、
(34ウ)次冷泉亭へ行、東川原出月見也、內藏頭(山科言緒)」双瓶令携令沉醉、夜半後歸蓬華、今夜月一天無
雲清朗也、遊興勝多年者也、伏陽より上郎婦令歸給、
十六日、晴、巳刻紫宸殿取置ニ參、今夜於豐國社有御神樂、鷲尾宰相・四辻少將・持明院
少將(基久)・園少將(基任)等也、外地下歌方有之云〻、
十七日、晴、雖當番白川侍從(顯成)へ令相博、宿予參、
十八日、晴、御靈會、平野大炊(長治)入道來、薦晩飡、卽氷室被登山、黑木釜湯治云〻、
十九日、晴、豐國社へ伶人見物ニ行、先智積院(祐宜)へ行、鵝目二十疋遣之、次社預二位(吉田兼見)へ行、數
刻令打談、次左兵衞佐(吉田兼治)處へ行、是又數刻令打談、及晩歸蓬華、」
(35オ)廿日、有法來、沙糖三桶惠之、次廣橋辨(總光)へ行、明日頭辨被拜賀爲習禮也、次竹內極﨟(孝治)來談、

竹内孝治來談

是又明日申次之爲習禮也、

廣橋總光頭辨敍任の祝儀

廿一日、廣頭蘭(總光)へ兩種一荷遣之、爲祝義、及晩令裝束向廣橋亭、座中衆、烏丸大納言(光宣)・同頭辨(光廣)・日野大納言(輝資)・同侍從(光慶)・勸修寺中納言(光豐)・鷲尾・藤侍從(高倉永慶)・松木少將(宗信)・竹屋竹丸(光長)・廣橋大納言(兼勝)・亭主・予・竹內極﨟等也、三獻之後出門、卽參　內、拜舞・殿上吉書之作法等令見物畢、於御□被召、御盃頂戴、退出、予亦藤侍從令同心令退出也、

參内

廿二日、自廣橋頭辨爲祝義兩種一荷被贈之、次自女三宮三荷三種拜領、先日御移徙之御返(35ウ)也、參番、番組依有紛、番頭使者遣之處、予今日之番不可相勤之由返答也、仍欲令」退出之處、被召御前、今日番組相紛之旨御尋之間、予也方へ無其觸由申之、卽番頭不念入之由被仰出、如元可爲番組　勅裁也、仍如元依番頭有番觸、參宿、携双瓶佳肴、相番衆へ酶之、

參番

番組混亂せしが元の如く勤む

家康を伏見に訪ふ

廿三日、晴、伏見へ行、大樹懸御目、池田三左衞門(輝政)・福嶋左衞門大夫(正則)・森右近(忠政)等有御前、放鷹するゑあくる事可爲禁制由被仰出、此中放鷹するゑあけ令沽却由、依有其聞也、其主ハすゑあくる事勿論也、かくし置輩固御禁制也、入夜歸宅、

幕府放鷹賣買を禁ず

山科に諸家傳を返却す

平野長治を見舞ふ

廿四日、山科へ諸家傳返遣之、次平野大炊氷室ニ滯留之間見舞ニ行、双瓶佳肴携之、埴原(36オ)光右衞門是又登山也、於御宿所有晩」飡、入夜歸蓬蓽、家君此中冰室ニ御住山之間、一重双瓶進之、

北野社及び太子觀音に詣す
冷泉邸月次和歌會
參番
鷹司信尚同夫人婚姻後初めて參内す
參番
左傳授讀
冷泉邸にて詠歌大概講談

廿五日、拂曉聖廟へ參、次太子觀音へ參詣畢、大工來、
廿六日、晴、午前冷泉亭へ行、月次會也、當座二首詠之、入夜歸蓬華、
廿七日、晴、齋了參番、今日鷹司(信尚)三位中將殿御參　內、去月女三宮(清子內親王)御嫁娶之後始也、仍御進物等有之、鈍子十卷・太刀・馬等也、女院・女御殿・其外女中等有引出物云ゝ、予內ゝ今日可致伺候之由有御觸、各被參衆、廣橋父子・勸修寺新中納言・伯二位・鷲尾・四辻少(36ウ)將・阿野少將・正親町三條・猪熊少將・予等也、勾當局從車寄令參內給、右之衆各」唐門之內ニ相待、御供申、車寄より御昇殿也、太刀・馬、廣橋大納言披露之、御前御相伴、女御殿・女三宮・鷹司殿也、二獻之後御退出、次御院參、有二獻云ゝ、次於女御殿獻上有之、其後晩飡參云ゝ、及黃昏親王御方へ御參、御進物、杉原五束・太刀・馬・純子二卷等也、杉原鈍子(マヽ)之類、予・秀直(富小路)兩人御前へ持參、禁中ニテモ予・秀直持參也、二獻之後近衛殿政所へ御成也、亥刻許御歸宅也、予亦令退出、服晩飡參番、
廿八日、晴、午前雨降、紹元來、左傳隱二・三・四・五年之分文字讀授之畢、次萱堂へ行、有粥、女房衆同行、及黃昏向冷泉爲滿朝臣亭、双瓶携之、自今夜詠歌大概講談被始之、予(37オ)發起」也、序分被講也、子刻前歸蓬華、
廿九日、大工來、晴、

本願寺光壽參內す

卅日、今日七條本願寺（光壽、教如）參　內、仍予也參　內、本願寺先勸修寺中納言亭ヘ被向、路次行粧百人余、驚目畢、禁中ヘ進上、太刀馬（代銀子廿枚）・綿百把、女院御所ヘ綿百把・銀子十枚、親王御方、太刀馬代銀子十枚・杉原五束也、於禁中作法淸涼殿於西間御對面也、則入御、次院參、有一獻、次親王御方ヘ被參、則退出、禁中并親王御方兩御所無一獻、申刻各退出、源少將爲代參宿番、

宿番

閏八月小

鷹司邸九條邸に赴く　國賢を訪ふ　參內

朔、己酉　晴、爲今日御禮鷹司殿（信房）御方御所參、數刻指將碁（棊）畢、次九條殿（兼孝）ヘ參、數刻令蹴鞠畢、（37ウ）從是已前家君（國賢）ヘ參、從氷室未御歸之間卽時立歸畢、」入夜參御盃、勸修寺中納言（光豊）・鷲尾宰相（隆尚）・源少將（五辻之仲）・正親町三條（實有）・阿野少將（實顯）・秀直朝臣（富小路）・總光朝臣（廣橋）・言緒（山科）・宗信（松木）・基久（持明院）・嗣良（高倉）・兼賢（廣橋）・顯成（白川）・予等也、

九條忠榮を訪ふ　賀茂猪兵衛に論語を遣す

二日、晴、及晩九條大納言殿（忠榮）ヘ參、有御鞠、亥刻退出畢、賀茂猪兵衛來、論吾（語）一部遣之、

今日雖番令相博不參、入時正、

德川家康を訪ふ

三日、晴、冷泉爲滿朝臣・山科內藏頭（言緒）令同途、將軍（德川家康）ヘ參、新注古注義理相違之處如何有之乎

新註古註の相違を問はる
明人一貫に書籍目錄を約す
寶壽院來談
竹內孝治を訪ふ
九條邸に赴く
冷泉邸詠歌大概講談
伏見へ赴く
參番
御蹴鞠
忠榮及び國賢を訪ふ
紹元阿野實顯等來邸
細川藤孝を訪ふ
冷泉爲滿に拾遺愚草を借る
秀賢等伏見に赴き家康の歸府を餞す

之由御尋也、予答申云、新注義理雖精微却而淺、古注其義雖不精却而得道心處深、將軍叶御心者也、次唐人一貫來月歸國之由相語之間、書籍共令目錄可遣之由令約諾畢、及黃昏歸蓬華、

四日、雨降、寶壽院來談、八專入、烏頭蘭(烏丸光廣)より書狀到來、及黃昏竹內極﨟(孝治)へ行、」

(38オ)五日、晴、筆結來、次殊三來、及晚九條殿へ參、入夜冷泉亭へ行、詠歌大概聽聞之、夜半後歸蓬華、

六日、晴、烏頭蘭・花山羽林(定好)令同心伏見へ行、次寶壽院より木練柿百被惠之、

七日、晴、高尾より書狀到來、次參番、木練柿二百積臺進上之、勾當局御披露也、及晚有御鞠、飛鳥井父子(雅庸・雅賢)・難波(宗勝)・阿野少將・四辻(季繼)少將・八條宮(智仁親王)等也、主上被遊畢、

八日、晴、巳刻九條大納言殿(忠榮)へ參、數刻御雜談有之、次家君へ參、御雜談共有之、及晚歸、次紹元來、百瓶序返之、次阿野少將來談、次風呂へ入、

九日、陰雨沃、飯後阿野羽林令同心幽齋(細川藤孝)見舞ニ行、今朝豐前へ下向云〻、次冷泉爲滿朝臣(38ウ)より」拾遺愚草全本借寄之、

十日、晴、冷泉爲滿朝臣・山科內藏頭言緒・花山羽林郎將等令同心、大樹(德川家康)御見舞ニ行、今日攝家・門跡御出也、一條前關白殿(內基)・二條前關白殿(昭實)・九條大納言殿・鷹司中將殿(信尚)・照高院(道澄)

殿・妙法院殿(常胤法親王)・梶井殿(最胤法親王)・随身(心)院殿(増孝)・一條(乗)院殿(尊勢)等也、先攝家衆御對面、則令立座給、大樹縁迄送給、次門跡衆御對面、樣子同攝家衆、次堂上公家衆、大炊御門(經頼・頼國)父子・烏丸大納言(光宣)・万里小路大納言(充房)・藤宰相(高倉永孝)・飛鳥井宰相(雅庸)・花山少將・平少納言(西洞院時直)等也、攝家衆ヨリ以前爲勅使廣橋大納言(兼勝)・勸修寺中納言兩人先被參大樹御前、禁中ヨリ鈍子十卷、親王御方(政仁親王)ヨリ燒物被遣之、此外諸寺ヨリ御暇乞禮共有之、予・冷泉・山科兩三人猶大樹御前相詰畢、申下刻退出、予平野遠江守(長泰)處ヘ行、留守也、次平野五郎左衞門(長時)處ヘ行、是又留守、仍而歸蓬華、及夜半今晩(39オ)從禁中有御使、明日和漢御會也、可伺候云々、予内々」今夜者伏見可滯留支度也、知音衆依留守令歸宅、可謂仕合者也、

勅使家康に遣さる

平野長泰及び長時を訪ひ歸京す

漢和聯句御會

十一日、晴、飯後參　内、漢和御會云々、書章句語心院(悟、下同ジ)梅印(元冲)和尚被申之、賞月喜添閏　梅、ちるも咲つく露の萩か枝一條(乗)院准后、連衆、一條(乗)院准后・近衞殿(信尹)・山科前(言經)中納言・中院入道(通勝)前中納言・鷲尾宰相・阿野少將・予・慈照院保長老・語心院冲長老等也、戌刻滿百、山科内藏頭執筆也、亥刻各退出、

家康に候す

家康呂宋國王の使者を引見す

十二日、晴、雖當番晝間阿野少將ヘ令相博、伏見ヘ行、未刻過大樹懸御目、呂宋《ルスン》國使者御禮中、令見物、呂宋國王ヨリ書札兩通到來、一通者彼國以字書之、一通者以漢字書之、呂宋國王名郎敝洛黎勝(勝)君迎云々、呂宋國主始ヨリ至今年壹千六百四年云々、彼國无年号、國王初

通船の目的は耶蘇教弘通に在り

參內

庚申待

出來ョリ只以年号之云〻、彼書簡令一覽、唯本朝ヘ通船之義非金銀貪、無極之大道爲令知

(39ウ)

也云〻、偏ｏ〔爲〕傾我國歟如何」、日沒之比歸蓬蓽、則令衣冠參　內、今夜庚申也、各參集、廣橋大納言(兼勝)・中院入道(通勝)・伯二位(雅朝)・勸修寺中納言・鷲尾宰相・阿野少將・左衞門佐(富小路秀直)・小川坊城・四辻少將・飛鳥井宰相・難波侍從・予等也、鷄鳴之後各退出、予也當番不退出、

當番

山科邸竹內邸に赴く

寶珠院來邸

十三日、晴、山科亭ヘ行、數刻打談、次竹內極﨟ヘ行、入夜歸宅、愛宕寶珠院來義、盃同臺給之、他出之間不及對談、

家康歸府發途

十四日、晴、今日大樹江戸ヘ御下向也、泉州堺之玄庵宗承來、砂糖一桶進之、次寶珠院來談、東陽弟子來、五明五本進之、

當座和歌御會

參番

十五日、晴、巳刻參　內、今日和歌御會也、五十首御當座也、いろは字かしらに被置之、

(40オ)

予也」山居荻・慶賀兩首也、ヲ刻退出、入夜參番、重定朝臣代也、

伏見に赴き加藤清正の歸國を餞す

冷泉邸に赴く

甲子待

十六日、晴、齋了、伏見ヘ行、加藤肥後守(清正)下國暇乞ニ行、及對顏卽歸、次冷泉亭ヘ行、沙糖一桶送之、入夜甲子待ニ參　內、及曉天有御鬮取、予也杉原一束・抦杓取之、今夜嗣良代ニ參番、

中原師生に招かる

十七日、晴、當番請取也、自夜前直不退出、相番衆參集之後令退出、押小路掃部頭(中原師生)ヘ行、內〻晩飡可用意之由依被示也、中院入道・伯二位・中御門中納言(資胤)・予等也、數盃相傾、沉

醉以外也、入夜歸蓬華、今日午前高尾僧正御來談、卽歸山、次御弁被來、

九條忠榮を訪ふ

（40ウ）十八日、曉天より雨降、及天明流車軸畢、午」刻雨晴、次九條大納言殿より可致伺候之由預御使者間、卽令參入、夜歸蓬華、

鞍馬寺參詣　阿野實顯に檜を贈る

十九日、晴、齋了、鞍馬寺へ參詣、申刻歸蓬華、次自阿野少將許檜被所望、卽庭前數株之中一株遣之畢、

師生來談

中院邸月次和歌會

廿日、晴、掃部頭來談、陣官人戸嶋名字反切如何之由被尋之間、重職重時之內可被定令申畢、戸嶋本者秦氏、此二三代以前より爲橘氏云々、巳下刻向中院方、今日和歌月次也、其人數、白川父子・中御門（資胤・尚良）父子・鷲尾・飛鳥井少將（雅賢）、正親町三條不出、甘呂寺・淸閑寺・高倉・竹內三十郎（正親町三條舍兄也、眼依爲盲家督無相續）、■左・要法寺之僧本池院大蓮坊・予等也、日入前起座、歸路

竹內邸に赴き靑侍の口添をなす

竹內へ行、彼靑侍和泉事再三乞詫言、無同心、重而猶可令口入申捨、令歸宅畢、

九條邸にて蒙求講說　冷泉邸月次會

廿一日、晴、齋了、九條大納言殿へ參、蒙求二三枚講之、今日初度也、午刻冷泉亭へ行、今日月次會也、

來月和漢千句の沙汰

（41オ）廿二日、晴、參番、參御前、來月上旬之比和漢御千句」可有御沙汰云々、仍南禪寺語心院冲長老・歸雲院五西堂・正周庵洪西堂・牧護庵傳西堂、以上四人可伺候之由書狀可遣之旨被仰下、卽於御前書狀相認、勾當之御局より被持遣、及晚有返札、宿不參令相博、

孝治を訪ふ

廿三日、竹内極﨟へ晩飡ニ行、月出之後歸蓬華、

和漢千句の事につき悟心院に赴く
高尾に赴き法嚴院と談ず
栂尾新鑄鐘銘草案を渡す

廿四日、晴、早ゝ勾當御局へ可參之由被仰下、卽令伺候之處、就御千句義南禪寺へ書狀可遣之由仰也、巨細書狀難述之故、卽立越、語心院へ申渡畢、語心院へ唐墨二挺遣之、未刻歸蓬(41ウ)華、次高尾へ行、東寺法嚴(空盛)登山也、仍於尾崎終夜打話、此中栂尾新鑄之鐘銘所望之間、」令草案、性院へ進置畢、

廿五日、歸宅、次聖廟へ參、及晩勾當之御局へ參、

三百韻和漢連句御會

廿六日、晴、日出已前參　內、今日三百韵和漢發句一巡等被定之、御人數、式部卿宮(智仁親王)・照高院(道澄)准后・一乘院(尊勢)准后・楊明左相府(近衛信尹)・中院入道・飛鳥井宰相等也、五岳衆被召之衆、南禪寺語心院冲長老・歸雲院五西堂・正周庵洪西堂・牧護傳西堂・相國寺慈照院保長老・東福寺不二庵藤長老等也、以上御製共十三人也、初百韵章句五西堂被申之、幾更砧万戶、正五、予令執筆、第二發句御製也、山風や鹿の音おろす庭の松、鷲尾宰相執筆也、第三、露恩蘭賜紫、周洪、予執筆也、亥上刻終、各退出、曉天甚雨、

智積院來談

廿八日、晴、大佛智積院來談、鵝眼百疋被惠之、及晩風呂へ入、法身院・密藏院一宿、」

國賢及び二條邸に赴く

(42オ)廿九日、齋了、家君へ參、次全齋へ行、次二條殿へ參、松茸二十本進上之、有晩飡、九條殿御方御所於二條殿懸御目、還御之處、卽御供申、九條殿へ參、及黃昏歸宅、

九月大

和漢千句發句定

朔、寅　今日和漢千句御發句定也、仍過日不二庵藤長老丑刻許出京、被扣予門、卽請入、待曙天令同途、參　内、今日御千句一巡共相巡畢、御人數先日三百韻和漢ニ同、但、式部卿(智仁親王)宮無御參、秉燭之後各退出、於申口有御盃、

二日、晴、雖當番令相博□(畢)參、次明日より御千句御會也、予・鷲尾(隆尚)兩人執筆被仰出之間、令支度宿ニ參、僧衆從今夜出寺、各樂屋ニ被宿、

和漢千句初日

(42ウ)

三日、晴、和漢千句初日也、寅刻より始、御人數、照高院(道澄)准后・一乘院(尊勢)准后・近衛殿左大臣(信尹)・入中院道前侍從中納言(通勝)・飛鳥井宰相(雅庸)・有節(相國寺慈照院)・梅印(南禪寺語心院)・集雲(東福不二庵)・正五(南禪寺歸雲院)・周洪(南禪寺正周庵)・崇傳(南禪牧護)等也、御製共十二人也、鷲尾宰相・予兩人執筆也、戌刻終、御千句之間於私宅僧衆同宿、火番等二時齋申付之畢、予也宿　內、

和漢千句第二日
鷹初

四日、晴、寅刻御鷹初、御陪膳之衆、阿野少將(實顯)・四辻少將(季繼)・極﨟源孝治・大中臣種忠・安倍泰重等也、御千句之中此五人被相詰、今日四百、難澁、鷄鳴之比終、

五日、微雨沃、昨夜遲終之間、日出已前より始、亥刻終、

指合再見

遅参の衆あり六言聯句を催す

六日、微雨沃、今日指合以下御再見有之、仍僧衆各滞留、早天参　内、照高院・一乗院・

左大臣御遅参之間、六言聯句有之、第上句御製也、」

（43オ）

菊籬落垂金砌(刋)　御　　楓夕陽洒錦峯　梅印

玉欄□迎明月　有節　　石硯□亞仲冬　周洪

更奏琴風裏竹　崇傳　　屢傾蓋雪中竹　秀賢

鶴梳就髯鬢髮　集雲　　鸞照看窈窕容　崇傳

施□即身即佛　集雲　　濟禪其□其宗　有節

指合共被改、未刻各退出、御千句第三書寫之、

第一

穂にハいつ出そはらや荻の聲　信尹

綴珠甑露叢　元冲　・元中

蛩啼殘月落　守藤　・守藤

第二

轉玉虫鳴砌　周保

有節

釣簾の隙もる月ハ半天　御製

桐の葉のもろき軒はに風觸て　信尹
第三
中絶し綿を花の野分哉　雅庸
聲幽何處螿　正五
秋の霜枕に寒き夢覺て　素然
第四
年もへぬいかにめてなハ秋の月　御製
菊浮累壽盃　守藤
折かさす袖に紅葉の色そへて　尋政
第五
霧間山祕盡　元冲
紅葉のかけもくるゝ松か枝　道澄
鹿の音を庭に嵐のさそひ來て　御
第六
露かろき葉つたひそよく小篠哉　隆尚

園深有鹿馴　秀賢
冷扉跫音少　周保
第七
あひにあひて鴈かねなひく田面哉　道澄
江村夕霧晴　周保
露行沙易濕　正五
第八
暮とあく《マヽ》と野山に有や鹿の聲　尊政
帯霜草色稠　周洪
芦花汀誤雪　元冲
（43ウ）
第九
楓有無香恨　・守藤
花野の末の岡越の途　信尹
小鷹狩歸る袂も霧分て　道澄
第十

ことふきの星かも菊を雲の上　素然
逐秋蝶過垣　崇傳
蟲機催野外　周洪
追加
霜松秋表《ノホカノ》物　秀賢
軒端の風のやゝ寒き音　隆尚
明ほのゝ枕おとろく鴈鳴て　實顯

參番
一乘院尊勢を見舞ふ

七日、晴、齋了、參番、被召御前、懷帋共直句書加畢、宿令相博不參、及晩一乘院殿御里坊へ御見舞參、松茸十本進之、有御對面、有盃酌、

近衛邸に姫を見舞ふ
九條邸蒙求講義
全齋を訪ふ

八日、晴、近衛殿姫君御煩之間見舞參、有御對面、數刻御雜談有之、次九條殿參、蒙求講之、次全齋行、晩飡有之、

諸家を禮訪す

（44オ）九日、晴、家中祝義如例、（×不）慈照院啅藏主管城子三双被惠之、二條殿（昭實）御禮參、次鷹司殿（信尚）御方御所へ參、次近衛殿（信尹）へ參、次聖護院宮（興意法親王）へ參、次伏見殿（邦房親王）參、次鷹司殿（信房）へ參、次九條殿（兼孝）へ參、次勸修寺中納言（光豐）へ行、數刻有盃酌、及晩、令衣冠親王（政仁親王）御方御例（禮）ニ參、御對面、御盃令頂戴、次女院（新上東門院）へ參、少納言御局より申入畢、次女御殿（中和門院）へ參、無御對面、次近衛殿大政所殿へ參、

參內
全齋來談
九條忠榮に蒙求進上
道法に三略を貸す
冷泉邸詠歌大概講談
慈照院に赴く
參番
源氏物語校合
近衞邸に赴く
冷泉邸詠歌講延引
土御門等を訪ふ
冷泉邸詠歌大概講談
禁中演能の御觸
冷泉爲滿の二兒に孝經授讀

御對面、次參　內、御盃人數多分內々衆被參、
十日、晴、午刻時雨、全齋來談、次從九條大納言殿(忠榮)蒙求上卷可進之由被仰、則令進之、次道法來、足袋一足進之、三畧點本借遣之、及晩入風呂、
(44ウ)十一日、飯後冷泉亭へ行、詠歌大概秋部より十六首講談有之、次相國寺慈照院へ行、」全齋同心也、夜半鐘之後歸宅、
十二日、晴、參番、也足軒(中院通勝)被召、源氏有挍合、宿不參、鷲尾相博、
十三日、晴、也足軒より書狀到來、正宗賛付與之、予及晩近衞殿へ參、上句可中上之由被仰之間、又艷傲霜菊秀賢、　籬の露に月うつる昏底相、　絡絲虫促織枚(信尹)、衣手寒み分野の原枚、松かけの道は嵐のをくり來て底相、夢醒鐘韵喧秀賢、報晨鴉同々同、雲よりをちの里の一村枚、八句有之、秉燭之後退出、次冷泉亭へ行、內藏頭參番之故、詠歌講延引、
十四日、早々鷄冠村之義ニ付而土御門左馬助(久脩)へ行、次富小路(秀直)へ行、次家君(國賢)へ參、次冷泉へ(45オ)行、」詠歌大概被講之、及晩歸蓬華、來廿一日御能有之由御觸也、次甲香廿枚可摺進云々、
十五日、晴、
十六日、晴、冷泉爲滿朝臣嫡男千壽丸・次男藤壽丸兩兒讀書始來入、爲祝着三荷三種被贈之、孝經序三行教之畢、給酒盃額物出之、次筆屋(マヽ)　召寄筆四對誂之畢、及晩九條殿參、

宿番

宿番ニ參　內、實顯朝臣代也、

淸水寺參詣知恩院本堂及び石不動に詣す
國賢及び全齋を招く
宿番

十七日、晴、四條・冷泉令同心淸水寺參詣、歸路知恩院本堂造作令見物、次鹿谷石不動へ參、未刻歸蓬華、次家君・全齋薦晚飡、秉燭前宿番參　內、今日晝間小川坊城へ令相博畢、

冷泉の二兒に授讀

早朝冷泉兩兒讀書參入、」

政仁親王に候す
九條邸を訪ふ
竹田梅龍軒及び平野勘右衛門を訪ふ
烏丸光廣を訪ふ

(45ウ)十八日、晴、早朝冷泉兩息兒來入、齋了、親王御方へ參閣、唐墨八箱・織香五十本令進上之、有御對面、御盃令頂戴畢、次九條殿參、關白殿・同大納言殿御對面也、次梅龍軒(竹田)へ行、次梅龍軒令同心平野勘右衛門處へ晚飡ニ行、申刻前烏丸頭(光廣)蘭へ行、累刻打談、秉燭後歸蓬華、勾當御局より明日御取置可伺候之由被相觸、畏之由答申畢、

參內
主上掃除油斷を怒る

十九日、飯後御取置ニ參　內、巳刻より常御所幷黑戶令掃除之處、各油斷之由被仰、事外(46オ)御逆鱗也、今日御取置ニ參衆、鷲尾宰相・」左馬頭之仲朝臣(五辻)・四辻少將季繼朝臣・左衛門佐秀直朝臣・阿野少將實顯朝臣・猪熊少將敎利・甘呂寺右兵衛佐豐長・予等也、日沒以後退出、

長太刀稽古

廿日、晴、穴澤雲齋來談、長太刀令稽古、及晚風呂へ入、

禁中黑戶前にて演能

廿一日、晴、於黑戶前有御能、日出參　內、大夫虎や彌兵衛尉也、脇進藤九衛門也、能數十番、白樂天・賴政・野宮・張良・天鼓・葵上・項羽・藍染川・鞍馬天狗・吳羽也、秉燭

御能拝見の衆

之程各退出、今日御能被召衆、烏丸大納言(光宣)・同頭辨(光廣)・廣橋大納言(兼勝)・同頭辨(總光)・同侍從(兼賢)・万里小路大納言(充房)・同侍從(兼房)・持明院中納言(基孝)・同少將(基久)・山科中納言(言經)・同内藏頭(言緒)・中院入道前侍從中(46ウ)納言不參・勸修寺中納言・伯二位(雅朝)・同侍從(顯成)・藤宰相(高倉永孝)・同侍從(永慶)・三條西宰相(實條)・鷲尾宰相・」阿野少將・四辻少將・富小路左衞門佐・五辻左馬頭・正親町三條(實有)不參・飛鳥井少將(雅賢)・平少納言(時直)・猪熊少將・高倉侍從(嗣良)・甘呂寺右兵衞佐(豐長)・小川坊城右中辨(俊昌)・松木侍從(宗信)・予・竹内極﨟(孝治)・祭主(藤波種忠)・新藏人(泰重)等也、御通二度有之、初度八條殿御酌、二度廣橋大納言之酌也、御簾中之衆、女院御所・八條宮(智仁親王)・近衞殿・照高院殿・入江殿(昌隆尼)、

御能の番組

廿二日、御能後朝、巳刻以前各參集、大夫早朝より令伺候、先老松曲舞囃之、次御扇拜領、大夫則令頂戴入樂屋、海士・滿仲・女郎花・杜若・自然居士・鍾馗・養老等也、申下刻各(47オ)退出、參衆同昨日、唯中院入道被參、日沒比」より常御所・黑戸御取置也、初夜過取置終而各退出、予當番也、則令宿、今日大夫虎屋彌兵衞尉被任長門掾、奉行左中辨總光也、

能樂の大夫の任官

松木邸にて長太刀稽古

廿三日、晴、午刻雲齋令同心松木侍從へ行、爲長太刀習心也、及晩竹内極﨟へ行、今夜月待云々、丑刻歸蓬蓽、今日、於松木持明院少將長太刀執心之間、雲齋ニ引合畢、

邸内諸所を直す

廿四日、陰、大工來、米藏ねた直之、次學問所圍爐開之、次學問所東小便所搆之、

北野社参詣

廿五日、早朝聖廟へ參、次紹元許より書札到來、非當時文躰、予亦隨之令報酬、性理字義

紹元に性理字義を返却

則返遣之、爲予代才藏鞍馬寺へ令參詣、

本願寺光昭僧正拝任御禮に參內す
秀賢介添す

廿六日、朝程微雨、今日本願寺（光昭、准如）參 內也、予內々知音之間、爲出逢令衣冠參 內、本願寺先（47ウ）於」九條殿被裝束、仍九條殿へ參、本願寺へ令見參、午下刻本願寺參 內、馬代銀子五十枚進上也、次女院へ被參、次親王御方へ被參、於議定所上段御對面、本願寺中ノ間ニテ禮被申之、銀子馬代三十枚進上也、及晩愚宅へ下妻少輔爲使自本願寺馬・太刀三百疋被贈之、今日參 內之砌出逢之義祝着云々、

九條邸にて光昭振舞

及晩九條殿へ參、本願寺御振舞也、予御相伴也、大酒、亥刻計本願寺歸寺也、其後猶大酒有之、九條大納言殿御簾中御局等被出、亂酒以外也、予也沈醉、事外無正躰云々、午刻賡（有雅元賡）藏主來、語心院長老より書狀到來、銀瓶一双被惠之、次大中庵之事契約筋目相違之間、一行取返可遣之由被示之、則高尾へ申遣畢、次栂尾常降來、大栗百進之、次寶壽院來、大栗五十進之、

參番

廿七日、晴、巳刻參番、大工來、

冷泉二兒授讀

廿八日、大工來、齋了、冷泉兒二人讀書被來、入夜殊三來、

冷泉二兒授讀
吉田意庵に三國志等を返却
女房衆清水寺參詣

（48オ）廿九日、大工來、齋了、冷泉兩人來臨、未刻意安方より三國志・晉書兩部取返ニ來間則」持遣畢、女房衆清水寺へ參詣、息男三人同參詣、小川坊城殿代ニ參番、

十月大

冷泉邸月次會

朔、丁未 大工來、晴、月次會ニ冷泉亭へ行、入夜御盃ニ參、學問所圍爐開之、

冷泉二兒授讀
本願寺及び興正寺を訪ふ

二日、晴、冷泉(爲滿)息男千壽丸・藤壽丸讀書ニ來入、次九條(忠榮)大納言殿より蒙求兩册被返下、巳刻山科(言緒)內藏頭令同心七條(光昭)本願寺へ行、山科(言經)中納言出逢、則爲引導本願寺門跡對面也、歸時興正寺へ行、有晩飡、令沈醉畢、入日之比歸蓬蓽、夜半後從揚明(近衞)有御使、明日於南禪寺傳(48ウ)西堂和漢會有之、可參云々、」可令伺候由返事令申候、性院出京、

性院出京す

南禪寺和漢會

三日、晴、早朝南禪寺へ行、揚明從夜前御成云々、和漢人數、院主(以心崇傳)・語(悟)心院(元沖)・歸雲院(正五)・正周庵・相國寺慈照院(有節瑞保)・鷲尾(隆尚)宰相・山岡圭種(猪苗代)・兼如(里村)・昌琢・予等也、會終後大酒、夜半後歸宅、

性院歸る
長太刀稽古

四日、晴、性院歸寺、穴澤雲齋來之間、松木(宗信)并持明院少將(基久)召招之、薦晩飡、長太刀令稽古、

高尾に登る

五日、齋了、喜多坊(敬俊)令同道高尾へ登、高尾若輩衆勤行寺法等懈怠之間、定掟畢、

冷泉爲滿山科言緒に高尾にて會ふ

六日、冷泉中將(爲滿)・山科少將(言緒)紅葉見物ニ高尾へ登山也、予出逢、於法身院薦晩飡、方々令案內候、及晩令同道歸京、」

參番

(49オ)七日、晴、參番、來九日照高院(道澄)御申沙汰可有御能云々、仍今日黑戶御取置也、双瓶・田樂

等携之、相番衆へ酧之、

九條邸南禪寺等に赴く

八日、晴、九條大納言殿へ參、有晩飡、及晩南禪寺語心院・長福寺衆へ行、持遣之大中庵之事一行也、

竹內孝治に招かる

九日、雨降、依雨御能延引、及晩竹內極﨟(孝治)へ振舞ニ行、

照高院道澄能樂を獻じ秀賢等陪觀す

十日、晴、今日御能也、拂曉自伏陽平野五郎左衞門(長時)・魚住彥十郎(マヽ)両三人今日御能見物ニ被來、則薦朝食、其後參　內、日出比御能相始、大夫本願寺少進法印(下間)也、

能の番組

鵜飼・實盛・江口・是害・三輪・鵜龍田・藤戸・○三井寺玉鬘・祝言呉羽、日沒之比御能終、■主上入御之後、女院・照高院殿・妙法院殿(常胤法親王)・聖護院殿(興意法親王)・」一條院准后・八條宮(智仁親王)・近衞殿(信尹)・○鷹司中將殿(信尚)等有盃酌、公家各被召之、廣橋大納言(兼勝)・同頭左中辨(總光)・○同侍從・烏丸大納言(光宣)・同頭右大辨(光廣)・万里小路大納言(充房)・同侍從(兼房)・(49ウ)山科中納言(言經)・同內藏頭・持明院中納言(基孝)・同少將・中院入道前侍從中納言(通勝)・勸修寺中納言(光豐)・白川二位(雅朝)・同侍從(顯成)・藤宰相(永孝)・同侍從(永慶)・鷲尾宰相・水無瀨中將(氏成)・同侍從(兼俊)・左馬頭(五辻之仲)・阿野少將(實顯)・四辻少將(季繼)・左衞門佐(富小路秀直)・猪熊少將(教利)・平少納言(時直)・難波侍從(宗勝)・小川坊城左右中辨(俊昌)・飛鳥井少將(雅賢)・滋野井侍從(冬隆)・甘呂寺右兵衞佐(豐長)・中御門右少辨(宣衡)・高倉侍從(嗣良)・極﨟(竹內孝治)・祭主(藤波種忠)・新藏人(泰重)・予等也、

持明院邸にて長太刀稽古

十一日、雨降、仍後朝御能延引、午刻より持明院少將許へ行、長太刀令稽古、及晩歸、

御能

十二日、雨降、一昨日御能後朝、早〻より參　內、御能櫻川■・舟弁慶・邯鄲・黒塚・融・富士

當番

(50オ)大鼓・祝言等也、御人數如一昨日、入夜各退出、予當番、」一宿、

十三日、晴、

九條忠榮を訪ふ
參內

十四日、晴、參九條大納言殿へ、午刻參　內、今夜御庚申也、

日待參仕の衆

十五日、晴、早〻より參　內、爲御日待也、參內之衆、四辻少將・阿野少將・勸修寺中納言・左馬頭・鷲尾宰相・左衞門佐・予等也、入夜中院入道・伯二位等被參・廣橋大納言・小川坊城・飛鳥井少將・難波侍從等被參、此外近衞殿・聖護院宮・大覺寺宮(空性法親王)御參、晝夜碁・將

碁將棊の御遊

碁(棊)共御遊也、

十六日、晴、候　內、入夜退出、

參番

十七日、晴、參番、

忠榮を訪ふ
參內
主上源氏物語を講ぜらる

(50ウ)十八日、晴、九條大納言殿へ參、午刻從召參　內、源氏葵卷中程有御講尺、於小御所」被成勅談者也、聽聞參衆廿人計有之、今夜甲子也、則候內、令朝食、於(マヽ)廣橋頭蘭亭へ行、相伴持明院少將・水無瀨中將也、

千代丸誕生日

今日御千代丸誕生日也、仍家君・萱堂に進朝食畢、爲持明院代

參番

御番參、

忠榮を饗す

十九日、晴、午刻九條大納言殿申入、進晩湌、調子越前(武俊)・朝山宮內少輔(幸綱)・服部忠兵衞・久

雲等被召連、入夜堀川侍従(康満)被來、如形大酒也、及謡曲畢、亥刻還御之後、也足(中院通勝)へ行、

九條邸禮訪
寶嚴院を訪ふ
國賢等來邸

廿日、晴、早々參九條殿御方御所へ、昨日被成御成御禮之由申入、次東寺寶嚴院(空盛)へ行、家(51オ)君・」梅龍軒・全齋等御出、及晩歸蓬蓽、

廿一日、晴、

廿二日、晴、雖當(番脱カ)令相博、宿ニ參、

廿三日、雨降、

全齋を訪ふ
寶嚴院來邸
秀賢邸和漢聯句會

廿四日、晴、午刻全齋へ行、東寺法嚴(寶)院來談、爲(×也)相伴也、

廿五日、晴、於愚宅和漢令興行、人數、中院入道・鷲尾宰相・山科中納言・烏丸辨・阿野少將・廣橋辨・冷泉少將(爲親)・慈照院保長老・予・兼如等也、執筆者内藏頭也、兼如發句也、此會從去月令延引、今日會席也、

霜の花咲そふ菊の籬哉　兼如
捲簾曉月傾　周保
遠さかる雲井の鴈に起出て　素然
名殘のとけきかたしきの夢　實顯」
挽回春醉裏　降尚
賀七節元正　言經
(51ウ)
色〳〵に裁かさねぬるきぬの袖　光廣
夜寒思旅程　予
漕行も末はしられぬ船の上　總光
かた〳〵にしもうかふ嶋山　爲親

性院訴訟のため大坂下向
參番
田樂
千代丸發熱
智光院來邸
伊勢物語を贈らる
國賢來邸
冷泉二兒授讀
紹元に禮記を貸す
阿野實顯來談
玄猪なれど參內せず
九條家の新殿を覽る
全齋等來談
冷泉二兒授讀

靄散暮鐘近　言緒
入夜滿百、夜半前、各歸宅、
廿六日、高尾性院僧正今日大坂へ伽藍造營爲訴訟下向也、喜多坊敬俊同心也、片岡左門晩湌召之、入夜迄大酒也、
廿七日、晴、參番、入夜御田樂有、光照院殿(尊貞尼)御振舞也、
廿八日、晴、千代丸從夜前少發熱也、宮川智光院來臨、大宮官務伊治手記之伊勢物語被附與予、此本後淨居院(清原宣賢)被拵、息女智孝院へ被遣本也云々、薦晩湌、令一宿給、入夜家君御出、
(52オ)
智廣院(マヽ)ト數刻御雜談、次大坂性院より書狀到來、」密柑五十給之、
廿九日、藤壽丸・千壽丸讀書、次紹元來、禮記二帖借遣之、次阿野少將來談、次宮川智光院歸宅、雖今夜亥子、千代丸(×小兒)依煩御盃不參、入夜九條御方御所へ參、新造御殿見物ニ行、綺麗驚耳目畢、客殿・臺所・小臺所・御上風呂・女房局等也、宇數十余歟、
卅日、全齋・好庵等來談、次藤壽丸・千壽丸讀書、次花山院少將(定好)來談、次竹內極﨟來談、理髪之樣令教訓畢、

冷泉二兒授讀
好庵花山院父子中原師生等來邸
鞍馬へ代參
全齋來邸
千代丸疱瘡
勸修寺光豐に鯛を贈る
冷泉二兒授讀
春屋和尚手跡
全齋國賢來邸
九條忠榮室の女房衆を招く
智仁親王妃の病を見舞ふ
冷泉二兒孝經授讀終了
筮勘
法華八講の廻文あり

十一月小

朔、丁丑 晴、早朝好庵來、藤壽丸・千壽丸讀書來、次花山院(定熙・定好)父子來訪、次掃部頭(中原師生)來談、次萱
(52ウ)堂令來」給、御盃不參、
二日、陰、雖當番持明院少將(基久)へ令相博不參、爲代參鞍馬寺へ才藏令參詣、次全齋來談、鷹
晩湌、千代丸疱瘡得撿、未刻沐、申刻雨降、今夜勸修寺中納言(光豐)奏慶云〻、爲見廻鯛二ツ遣
之、千壽丸・藤壽丸讀書令來、
三日、雨降、齋了、參 內、御取置共有之、及黃昏退出、次從雲齋(己脫、平野長治)春屋和尚手跡到來、
四日、晴、午刻參 內、宗信(松木)番代也、及晩近衛殿(信尹)御參 內、有御振舞、各夜半後退出、
五日、晴、全齋來談、次家君(國賢)御出、次九條大納言殿(忠榮)御簾中ノ御局晩湌ニ召之、相伴、中
殿・調子越前(武俊)女房衆召之、御局予ニ板物一端、女房衆へ杉原一束・綿一把給、及黃昏九條
(53オ)關白(兼孝)へ參、御息女八條宮(智仁親王)御簾中以外御煩」云〻、仍爲御見舞令參畢、入夜九條殿御方御所
へ參、鷄鳴之比堀出之小家二三間火事、盛法印(吉田淨慶)・壽命院(妙巴)・聖護院宮(興意法親王)等御見舞ニ行、今朝藤
壽丸・千壽丸孝經終、
六日、晴、來年筮共勘之、廣橋左中辨(總光)より、來月二日より可有御八講令參懃之由、內〻廻文到來、卽加奉

女院宴を近臣に賜ふ
冷泉二兒に大學授讀
智仁親王妃死去
道法に職原抄授讀
冷泉二兒來邸
性院等大坂より歸る
冷泉二兒及び道法來邸
道法來邸
竹田梅龍軒に筋痛の藥所望
大黑祭
北野社參詣
九條山科冷泉廣橋を訪ふ
道法に職原抄授讀終了

畢、午刻參　内、女院(新上東門院)より御振舞有之、大酒也、亥刻各退出、今朝從冷泉中將(爲滿)錫二對・赤飯佳肴等被惠之、

七日、晴、千壽丸・藤壽丸讀書、大學始之、次道法來、年筮共勘之、雖當番令相博不參、

八日、晴、早朝參番、持明院代也、宿同參、今曉八條宮御簾中御遠行云〻、去四日より御煩也、眼口耳下■以外亦下血云〻、中毒歟如何、九條關白(兼孝)御息女也、廿二歳云〻、」

(53ウ)九日、昨夜大雪、今朝微雪、道法來、職原抄文字讀教之、次年筮共勘之、次千壽丸・藤壽丸讀書、入夜性院・喜多坊(敬俊)從大坂歸京、一宿入風呂、次冷泉亭へ行、

十日、雨降、千壽丸・藤壽丸讀書、次道法來、職原抄讀之、性院・喜多坊一宿、

十一日、雨降、年筮共勘之、次道法來、職原抄讀之、及晚竹田梅龍軒へ行、予筋痛之藥令所望、則調合、

十二日、巳刻參番、午刻性院歸寺云〻、宿令相博、入夜年筮勘之、大黑祭也、

十三(×四)日、雨降、齋前聖廟へ參、次九條殿御方御所へ參、次山科へ行、次冷泉へ行、次廣橋頭(總光)蘭へ行、午刻道法來談、職原抄文字讀授之、今日終、彼本令奧書畢、件奧書云、

(54オ)右或人以「環翠軒法名宗花自筆本遂寫功、重而於予案前訂挍之、尤可爲證本者也、

慶長甲辰中冬中澣、吏部員外郎清原判

政仁親王御紐落しの儀に參向す
參番
飛鳥井雅庸江戸より歸る
伏見宮婚儀
三陽院忌
全齋國賢元賡等來邸
花山院邸和漢會
花山院定好來談
九條邸を訪ふ
平野長時燒物方を問ふ
伏見邸に祝儀を屆く

及晩九條殿へ參、次山科亭へ行、次冷泉亭へ行、
十四日、今日親王(政仁親王)御方御紐をとし也、仍女御殿(中和門院)へ可參之由御觸也、午刻女御殿へ參、揚明御成、被召衆、廣橋大納言(兼勝)・同頭辨・同侍從(兼賢)・万(里脱)小路大納言(充房)・同侍從(孝房)・勸修寺中納言(光豊)・正親町三條實有朝臣・阿野少將實顯朝臣・左衞門佐秀直(富小路)朝臣・小川坊城俊昌・中御門右少辨(54ウ)宣衡・甘呂寺右兵衞佐豐長・予等也、親王御方・女御殿・揚明」御相伴、有三獻、親王御方御前御陪膳新大典侍殿也日野輝資卿女也、右公卿・殿上人・予等御相伴也、及晩天退出、入夜參番、從白川侍從(顯成)相博也、今日飛鳥井宰相(雅庸)從江戸歸路云々、今夜伏見殿(邦房親王)へ有納婦、浮田宰相(秀家)息女也、
十五日、三陽院殿(清原枝賢)正忌月(×月)也、於今出川殿(國賢邸)有齋、仍向彼亭、巳刻歸蓬蓽、雨雪降、かゝりの寺僧來、高尾へ才藏遣之、及晩全齋來談、次家君幷賡藏主(元賡有雅)來談、次賡藏主令同心花山院へ行、和漢五十句令吟興畢、夜半後歸蓬蓽、鷄冠井より又一歸、八木五石五斗納之、」
(55オ)十六日、晴、速水左衞門尉(友益)來、明日廣橋亞相(兼勝)請待、予也相伴可來云々、明日當番之由令返事畢、次花山院少將來談、次九條殿御方御所へ參、此中依姉君御他界御籠居之間、携瓶幷田樂畢、子刻前歸蓬蓽、平野五郎(長時)左衞門方より燒物方所望之間、書付遣之、
十七日、晴、去十四日伏見殿へ有御嫁娶、仍爲御祝着昆布三束・鱒五つ・するめ十れん・御

竹田宰相に加點を遣す

樽三荷進之、次竹田宰相來云、

夔—付《フ府》孤—城落—日斜《ナリ》　毎依二北斗一《ニ》望二京—華一《ヲ》　聽《キイテ》レ猿《サルヲ》　實《マコトニ》下《ル》聲《ノミ》涙《ナミタ》　奉—使虚《ムナシク》—隨《カフ》

（55ウ）八—月《ノ》□画《クワ》—省香—爐違《タカフ》二伏—枕一《ニ》　山—樓《ロウ》粉—蝶《テウ》隱《イタム》二悲茄一《ヲ》　請—看《ミル》石—上藤蘿」月已《ニ》映《ス》

洲—前蘆—荻ノ花　如此令點遣之、次從伏見殿御樽有御返し、□□十本・鯛五ッ・昆布三束・樽三ヶ云々、巳刻參番、御前ニ參、暫有御雜談、入夜又參御前、辛酉甲子算軒序ト定なとの事粗御尋有之、存寄分申上畢、

參番

清水寺參詣
八條宮妃葬儀

十八日、甲午晴、齋了、清水寺へ參詣、八條宮御簾中於東福寺今日有御葬禮云々、入夜參番、持明院相博也、

參番

四辻季繼に法華八講請文の書式を教示す

十九日、晴、從四辻少將（季繼）書狀到來、云、請文書樣不案內之間、案文可示教之由也、仍案文遣、

「十二
來○月二日、奉爲舊院十三回　聖忌可被始行御八講、可令調出居次將之旨、謹而所請如件、

十一月十九日　　　　左少將季繼

謹上頭左中辨殿　　如此認遣之、」

九條邸を訪ふ
性院全齋來邸
九條忠榮を訪ふ

（56オ）次九條殿御方御所へ參、次性院・全齋等來入、愚妹嫁娶之談合也、家君御氣耄々笑止千萬也、次入夜殿大納言殿へ參、

九條新邸を覧る
半笑徒然草校合に來邸
竹內孝治來邸

廿日、晴、九條殿御新造客殿見物ニ行、各金間驚目畢、次半笑來入、つれ〱草挍合之ため也、次極﨟(竹內孝治)來談、來月御八講一通不案內之間、可令指南云〻、則案件書之遣之、薦晩飡、次入風呂、

全齋來邸
溫胖湯
別殿に行幸
秀賢等參仕す

廿一日、晴、全齋來談、愚妹嫁娶之契約相調也、次建三來、溫胖湯七包惠之、次參　內、

(56ウ)今日勾當局へ御別殿也、仍內〻衆不殘被召之、」於勾當局各有振舞、愚也・阿野・四辻少將被召御前候之、入夜退出、

冷泉邸歌會

廿二日、晴、雖當番令相博、冷泉亭哥會ニ行、入夜寳壽院來、一宿、

法華八講出仕の綸旨

廿三日、晴、廣橋頭左中辨より御八講之一通到來、

自來十二月二日五ヶ日、奉爲舊院十三回聖忌可被始行御八講、第三日同結願日散華役可令參勤給、者、

依　天氣執達如件、謹言、

十一月九日　左中辨總光奉

謹上　式部少輔殿

一通如此日付今日雖送之、九日日付也、則請文相調遣之、」

同請文

(57オ)自來月二日五ヶ日、奉爲　舊院十三回聖忌可被始行御八講、第三日同結願日散華役可致參懃之由、謹而所請如件、

散華役とあるは不審なり
平野長時等を招く
藤原行成筆古今朗詠集
飛鳥井邸に赴く
西笑承兌の下向を餞す
參番
近衞邸に赴く
高尾衆來談
主上照高院連歌
喜多坊等來邸

十一月九日　　　式部少輔秀賢請文

卽時之間不及被書遣之、今度一通散華役ト被書之事不叶愚存〈如何、〉唯華籠役ト可有之歟、不然者、堂童子ト可被書之歟、雖不叶愚存、應一通散華役ト請文ニ書之畢、

及晩平野五郎左衞門・薗部右衞門晩食ニ召之、爲相伴家君・梅龍軒御出、入夜竹内(孝治)へ行、今夜月待也、中院侍從(通村)古筆朗詠一卷被隨身、筆跡驚目者也、行成卿筆無疑者歟、月出之後歸蓬華、」

(57ウ)南禪寺語(悟)心院へ折敷御八講佛前折敷借ニ遣之、寺中無所持云々、則奉行へ返札見遣之畢、

廿四日、晴、飛鳥井亭へ行、新古今集雅緣卿筆跡或人被見之、則飛鳥井令見之處正筆云々、次性院御出、次全齋來談、次今出川家君へ參、次全齋へ行、喜多坊(敬俊)來談、

廿五日、晴、早朝喜多坊令同心、豐光寺(西笑承兌)江戸へ下向見舞ニ行、小錫一付遣之、明朝發足云々、次參番、光豐卿代也、次近衞殿へ參、入夜參番、高尾普賢院寺役等不沙汰之故、僧正被勘當、仍高尾衆來談、

(58オ)廿六日、晴、早朝梅龍軒來談、次高尾より」喜多坊被歸、入夜梅龍軒へ行、

廿七日、晴、向廣橋辨亭、次參番、今日主上・照高院(道澄)御兩吟連哥有之、

廿八日、喜多坊・密藏院・法身院等令相伴、薦朝食、次全齋來談、次行願院來談、次參

八講僧名定

內、及晩入風呂、次廣橋辨亭へ行、次九條殿へ參、御八講僧名定、奉行持參也、同傳奏・行事・辨以上三人伺候也、其作法、九條大納言奥間御座搆一疊則坐給、次傳奏烏丸大納言進出、次奉行辨廣橋頭左中辨總光進出、次行事辨進出、次奉行辨僧正定持參、大納言殿御一覽之後、目行事辨給、行事辨進寄、取僧名定、結畢懷中復座、次各退出、於內々有盃酌、

八講御聽問所を設置す
延暦園城二寺の僧參內し論議あり

廿九日、晴、早々參　內、御八講御聽聞所等見つくろい畢、退出、次阿野少將來談、御八(58ウ)講請文爲相談也、」次參　內、及晩山門・三井兩寺之衆於小御所有御對面、各杉原一束・扇被下之、則論義御聽聞也、講師三井勸學院、問者正觀院、證義眞祐、重難之衆、嚴證院・惠心院・十妙寺・正覺院等也、戌刻終、次九條大納言殿御拜賀也、前駈可候之由內々雖令約束申、依候御前、不參、於內懸御目畢、前駈衆、富小路左衞門佐秀直・堀川侍從・竹內極﨟（孝治）三人也、有御對面、申次、小川坊城右中辨也、次著陣等令見物退出、

十二月大

御聽問所屛風等を設置す
九條邸にて八講の習禮あり

朔、丙午　早朝參　內、御聽聞所屛風等搆之、次九條殿（兼孝）へ參、今度御八講行事上卿被遊之間、
(59オ)今日有御習禮、二條前關白（昭實）御指南也、中御門」中納言（資胤）・飛鳥井宰相（雅庸）等同參會、

法華八講初日

二日、晴、御八講初日也、刁刻令衣冠九條殿へ參、藤宰相(高倉永孝)・同侍從(永慶)御裝束被參、御裝束之後予先參　內、時分案內可申入云々、仍退出、次參　內處、妙法院宮(常胤法親王)御參　內、山門有訴訟云々、其巨細粗傳聞之計也、其意趣ニ、今度御八講、三井寺より四人被召之、山門より三人被召之、是一、御經供養三井寺衆へ被仰付、是一、彼是五六ヶ條有之云々、一色も猶不被仰付者可令不參云々、雖然無勅許、仍山門衆不參、■爲三ヶ寺八講可被行云々、仍巳刻僧俗參集、」

山門訴訟あり不參の意趣

(59ウ)(空白)」

(60オ)(空白)」

二條昭實より雖を拜領參番

(60ウ)二條前關白殿より雖二番拜領、

七日、晴、早々從勾當御局被觸云、午刻御盃參之間可致伺候云々、予今日當番也、巳刻參　內、今日被參衆、廣橋大納言(兼勝)・同頭辨(總光)・鷲尾宰相(隆尚)・阿野少將(實顯)・四辻少將(季繼)・左衞門佐(秀直)・水無瀨中將(氏成)・小川坊城右中辨(俊昌)・万里小路侍從(孝房)・予等也、此中御精進上也、當月、親王(政仁親王)御方御讀書始可被遊云々、當今御讀書始如何有之乎之由、大藏卿(舟橋國賢)ニ可尋申上旨直ニ仰也、仍而家君(國賢)へ參御伺申處、天正七年十二月廿三日、當今御歲九、於小御所有御讀書始云々、此由則申上畢、勸修寺儀同第三回忌也、仍二荷三種贈之、

政仁親王讀書につき今上天皇讀書始の先例を求めらる

八日、晴、早々勾當局へ可參云々、則向彼御局、勾當內侍被出逢云、御讀書始、以誰乎人被觸送乎、又御祝義御太刀・御馬なと令拜領乎、先例可申上云々、則向家君御亭、仰旨

讀書始次第につき國賢に問ふ

令申處、記錄高尾被置云〻、仍與三郎則取遣畢、御返事明日可申入覺悟也、今日勸修寺儀

勸修寺晴豐三回忌

（61オ）同晴豐卿第三回忌也、昨日可燒香之由內〻被示」之間、辰刻向彼亭、座敷相伴衆、廣橋大納言・中御門中納言・亭主（光豐）・飛鳥井宰相・鷲尾宰相・阿野少將・佐衛門佐・小川坊城・土御門左馬助（久脩）・予等也、此外僧俗卅人計有之、午刻歸宅、次九條殿へ參、次家君へ參、次近衛殿へ參、平遠州（平野長泰）伏見へ歸宅、

九條邸國賢邸近衞邸を訪ふ

平野長泰歸る

女院御所煤拂

九日、晴、女院（新上東門院）御煤拂也、辰刻參　院、次御讀書之次第昨日御尋之事共返答申ニ御局へ參、

讀書始次第先例を勾當內侍に答ふ

當今御讀書始之時、勸修寺中納言（光豐）より被觸之云〻、御太刀・御馬拜領勿論云〻、家君御記云、天正七年十二月廿日、從勸修寺中納言、儲君讀書始◦可爲來廿三日、可令伺候云〻、廿三日甲午、時巳、儲君御歲九、近代御佳例也、御◦讀書始參勤、於小御所申上之畢、後、御太刀・御馬令拜領、退出、猶別記之云〻、此分予書付、御局へ進之畢、及晚入風呂、歸路竹內極﨟（孝治）へ行、

廣橋兼勝讀書始觸折紙につき先例を問ふ

（61ウ）十日、早〻廣橋亞相より以速水右近被申送、云」來十三日親王御方御讀書始可有之、大藏卿可令伺候由勅定也、一通又觸折帋之樣子不案內之間可示之云〻、予答云、舊儀之一通有之云〻、雖然無所持、當今御讀書始之時勸修寺中納言以折帋被送觸之由、慥ニ大藏卿覺申也、此由速水右近申含之處、則廣橋亞相到愚宅、來義、當今御讀書始之樣子被尋之間、右

之通返答、則被觸折帋調畢、其書樣、　　親王御方御讀書始可爲來十三日、可被伺候候也、

十二月十日　兼勝

大藏卿殿へ

歳忘の祝儀
秀賢の妹婚儀の祝儀
秀賢の室病む
九條の招きを辭す
中院を訪ふ

如此被書、則予ニ被渡之、從予方能々可申傳之由內談也、次今朝食ニ家君・同東向御弁・(62オ)梅龍軒內義・同宰相等召之、歳忘之祝義也、梅御料人明日嫁娶之間、今日表祝義畢、」從昨晚女房衆風病之間、好庵召遣、則來義、藥調合、從九條殿可令伺候之由雖有御使、女房衆煩之故不參、入夜從中院可來談之由被示之間、則向彼亭、夜半前歸蓬蓽、

婚儀の準備をなす

十一日、晴、官務（壬生孝亮）へ大帷袖單返之、次今出川へ行、梅御料人用意共令手代畢、青侍兩人・人足六人・中間二人遣之、此外全齋之衆・氷室者共彼是卅余人有之、今度嫁娶媒介、梅龍軒始終被馳走者也、予爲餞染小袖一ッ遣之畢、

讀書始用の字指を廣橋に届く
二條邸に赴く
竹內孝治に刀を借り見る

十二日、晴、進上字指共請調、家君へ持參、則廣橋大納言許へ遣、親王御方へ可被進上由申送畢、被心得之由返答也、次二條殿へ參、御隙入故無御對面、次竹內極﨟より刀借寄見之、薩州住重吉作、天文十年比之物也、

小御所に於て政仁親王讀書始
國賢孝經を授讀す
禁中煤拂

十三日、戊午　晴、儲君御讀書始、家君御伺候也、於小御所南妻戸授之給、廣橋大納言中次也、猶別ニ記之、次御煤拂各參集、巳刻掃始、入夜退出、

親王御所煤拂
政仁親王に孝經授讀
國賢と共に女院に參候す
近衞信尹の母を訪ふ
孝治の母來邸
家中煤拂
參內
郡村庄屋來邸
算用未濟

十四日、晴、親王御方御煤拂ニ參、被召衆、阿野少將・四辻少將・左衞門佐・滋野井侍(冬隆)從・廣橋頭辨・新藏人(泰重)・甘呂寺(豐長)・高倉(嗣良)・小川坊城・白川侍從(顯成)・中御門右少辨(宣衡)・予等也、未刻拂終、」(62ウ)親王御方へ孝經奉授之、及晩家君令同心、女御殿へ參、次揚明左府御袋樣へ參、入夜竹內極﨟母義來談、

十五日、晴、家中煤拂、好庵被來、及晩入風呂、次爲庚申待參內、爲猪熊少將(教利)番代一宿、

十六日、晴、郡庄屋九衞門算用來、算用未相濟之間、退歸畢、次寶壽院來、入夜梅龍軒へ行、

政仁親王に孝經授讀
女御女院を請じ新茗を進む

十七日、晴、早朝大覺寺(空性法親王)門跡御年筮勘之、齋了、參番、次親王御方へ參、孝經奉授之、次女御殿へ參、今日女院女御殿へ御成也、仍廣橋大納言・同頭辨・万里小路大納言(充房)・同侍從・中院入道(通勝)侍從中納言・勸修寺中納言・伯二位(雅朝)・鷲尾宰相・正親町三條實有朝臣・阿野少將實顯朝臣・四辻少將季繼朝臣・左衞門佐秀直朝臣・坊城右中辨俊昌・西洞院少納言時直・▒甘呂寺右兵衞佐豐長・予等被召之、入夜女院還御、御相伴之衆、光照院殿(尊貞尼)・入(昌隆尼)江殿・大聖寺殿(惠仙)・近衞殿也、」

中原師生に袍を返却
九條忠榮及び阿野實顯方違に來邸

(63オ)十八日、陰、押小路(中原師生)掃部頭へ袍返遣之、次貝香廿枚すり立進之、節分也、九條大納言(忠榮)殿御方違ニ御成、二荷三種拜領、亥刻計還御、次阿野少將方違ニ來臨、双瓶・三重箱肴被惠之、

大覺寺里坊に方違に赴く

子刻計大覺寺(空性法親王)殿御里坊敬春部屋へ方違ニ行、飛鳥井宰相出逢、令雜談投一宿、至早朝歸宅、

甲子待參內

十九日、晴、甲子、立春、入夜御盃ニ參、次親王御方御盃ニ參、次爲甲子待參 內、鷄明之後退出、

北野社參詣
九條邸を訪ふ
口中腫痛

廿日、晴、齋了、聖廟へ參、入夜九條殿へ參、拙也口中腫痛之間、頓退出、九條大納言殿組懸被返段如何之由有勅使云〻、不能分別事共也、關白御息自余各別之事雖所世知、當代攝家御衰微、又ハ不有職之故如此者歟、子刻雨降、

上野國持明院祐宜權僧正に任ぜられ來邸

廿一日、雨、午刻、晴、上野持明院祐冝(宜カ)法印今度爲大覺寺宮末寺、御門主以御肝煎被任權僧正、仍上卿・職事・傳奏方〻爲一禮出京、智積院師弟之間、於愚宅可被寄宿之由、從指
(63ウ)
南始而來臨也、樽代二百疋給之、」則酌一盞、數刻雜談、

廿二日、晴、雖當番、口中依相煩、御理申入畢、持明院僧正滯留、及晩歸寺、密藏院一宿、冷泉より大魚貳つ給之、

池坊法身院等來邸
月藏坊毛詩注本を返却す

廿三日、晴、高雄宗春遣之、次池坊來、次法身院來、各一宿、敬春來、叡山月藏坊より毛詩注本一・二之卷一册、幷小本毛詩一册返來、則又毛詩十七・十八之卷、同小本十七・十八之卷兩册借遣之、

廿四日、晴、西院クホ方より銀三百目借之、池坊歸寺、入夜從九條大納言殿白小袖一ッ被

下之、喜多坊來

北野社清水寺代參
空性法親王に年筵を届く
敬春來邸
池坊訴狀草案の禮物を持參す

廿五日、晴、爲代參北野・清水へ才藏遣之、密藏院・法身院大佛へ行、敬春來、夜嵐甚、
廿六日、微雪、大覺寺宮年筵持遣之、午刻敬春來、次清涼寺池坊來、今度清涼寺公事之義ニ付而訴狀之案予令草案遣之、爲其禮從寺中双樽・串柿貳把惠之、次大工源左衞門乘物出來、持之來、尤見事也、

横大路村長介來邸
算用未濟
九條忠榮に年筵を届く
筆結より筆進上

廿七日、晴、口中相煩故雖當番不參、次横大路長介來、大根五束・牛房二束・双瓶進之、(64オ)勘定之面理屈不相濟」之故、返之畢、次九條大納言殿へ年筵持進之、今日爲佳例家中餅つき也、筆結翰墨爲歳暮吉書筆二對進之、同女房衆へ二對進之、巳刻鎭宅祭之、次年筵共勘之、

寶壽院に書狀金子を遣す
四方拜參候の觸
中院白川等見舞に來邸

廿八日、晴、早朝寶壽院へ書狀遣、次金子壹枚寶壽院取次之方へ質物ニ遣之、次烏丸頭辨(光廣)より四方拜御脂燭可候之由被觸雖申、可候之由令返答畢、曉入夜廿九日中院侍從(通村)・白川侍從、予煩爲見舞來談、數刻打談、曉天雨降、
廿九日、雨降、宗春大坂平野遠州(長泰)方へ下向、次從也足軒和漢會帋返來、次沐、

歳末御禮に諸家を訪ふ
天皇御不豫により謁見なし

卅日、晴、及晩歳末之禮ニ家君へ參、卽盃杓、次揚明へ參、次鷹司殿へ參、次九條殿へ參、次二條殿へ參、入夜參　內、從御煩無御對面、各帳ニ付後退出、次親王御方へ參、次九條

狩野內膳より平家繪樣の質疑あり

年筮

（64ウ）大納言殿御方」違御成、則還御、次今中彌三郎方より書狀到來、狩野內膳（一翁、重信カ）平家繪樣之事ニ付而愚也可令談合云〻、仍平家二卷不審書付到來、次掃部頭より爲祝義双瓶兩種被惠之、次爲歲暮禮、冷泉殿・官務・山科內藏頭殿等來入云〻、午刻主上御年筮、以富小路女院へ進上之、則富小路年筮遣之、次全齋年筮（遺脫）之、次久我大納言殿（敦通）年筮遣之、次姑母年筮遣之、」

（65オ）（朱）寫本ニハコノ二枚ヲ十一月五日六日ニ條ノ間ニ挿入セリ

寫　一枚有六拾六葉ノ中江入折紙

慶長九年甲辰日件記六十二葉ノ內へ入御座候折帋、追而御閉入させ可被成候旨付而別ニ仕置申候、

慶長九十一六廻文

從來月二日五ヶ日

奉爲舊院十三回

船橋殿

甘露寺殿

堀川殿

清閑寺殿

聖忌可被行御八講

可令參懃給之由內々

御黙之宿紙拂底之間

重以一通可申候也

十一月六日　總光

御方

烏丸殿

五條殿

山科殿

中御門殿

御方

高倉殿

御方

万里小路殿

御方

中御門殿

難波殿

滋野井殿

高倉殿

御方

水無瀬殿

御方

白川殿

水無瀬殿
五辻殿
徳大寺殿
庭田殿
正親町三条殿
阿野殿
四辻殿
富小路殿
御方

正親町殿
御方
西園寺殿
御方
吉田殿
園殿
御方
飛鳥井殿
御方
西洞院殿
猪熊殿
御方
持明院殿
四條殿
御方

花山院殿

御方

乙丑
庚ヽ丙

四條殿

甲戌丁丑甲子甲子

「（表紙）金神辰巳

文選十一卷、（マヽ、卷二十二）王康琚反招隱詩云、小隱《ハ》〻《レ》㆓陵藪㆒、大隱《ハ》〻（二脫）朝市㆒、伯夷竄《ハカクレ》㆓首陽《ニ》㆒、老聃伏《ハカクル》㆓極史《ニ》㆒、又白樂天詩、大隱任朝市、小隱入丘樊、丘樊太冷谿、朝市太囂喧、不如作中隱、〻作留司官、

積年七兆令七萬令九百廿一

自天元甲寅以來至今年乙巳、二兆七億六萬二千令卅二也、

慶長十年乙巳日件錄　乃卧」

「（表紙裏）試筆

一夜挽回春又春、東風吹送暗香新、〻知〻枝〻上〻大〻極〻周〻發衆花未辨韶光意、　梅是樹中先覺人、　秀賢

野へも山も空もひとつにみとりにてもるゝ方なき春の色哉　同｜

春といへは冬より來鳴鶯の聲も今朝猶あら玉の年　同

朝日

世のねかひけふしもみつのはしめ哉　同｜

(1オ)

慶長第十曆歲次乙巳　日件録

乃卧

正月大

天皇御不例四方拜無し

朔、丙子 晴、無四方拜、自舊冬依御惱也、早朝行水、次整衣冠參內侍所、鵝眼二十疋進之、於庭上、隨身(心)院中臣祓・六根淸淨祓等讀之、次參御殿、神盃令頂戴、次參男末、有佳例盃抄、退出、則不脫衣冠、五聖人・朱文公影像等掛之、居餅祭奠之、於像前孝經序讀之、次春秋元年之分讀之、是ハ今年左傳可講談祝義也、次吉書、

五聖人及び朱子畫像を掛け孝經及び春秋を讀む

吉書

天下泰平　四海安全　財寶充屋　官位如心　學及大儒　智能中道　孝濕顏巷　德排孔門

家中祝儀
平野長泰より返書來る
政仁親王に參候す
參内
五聖人像前に孝經毛詩序等を讀む
家中祝儀
參番
意齋息及び全齋來邸
蘇香圓
壬生孝亮及び中原師生來賀
朝餉手長勤仕
政仁親王及び女御に參候す
孝經及び易を讀む
國賢を訪ふ
諸家を禮訪す
白川顯成等來邸す
牛黄圓
參内

慶長十年乙巳正月吉日　式部少輔秀賢

（1ウ）右四行書之、次家中祝義如嘉例、次宗春（舟橋家臣）自大坂被上、遠江守（平野長泰）より返書到來、銀子五枚」來、及晩、從召朝餉參御手長、次親王（政仁親王）御方御盃ニ參、次參　內、無天酌、於申口內侍殿御酌、有御盃、亥刻各退出、

二日、晴、丁丑　早朝行水、次於五聖人像前孝經自天子章至廣要道章讀之、次毛詩序讀之、次看經、次家中祝義如嘉例、次參番、其間意齋（御薗）息男禮ニ來、串柿一把進之、次全齋來入、蘇香圓一貝給之、次官務（壬生孝亮）來入、五明三本給之、次大外記（中原師生）來入、双樽兩種給之云〻、次朝餉御手長ニ參、次親王御方御盃ニ參、次女御殿（中和門院、近衛前子）ヘ御禮ニ參、有御對面有御盃、次參　內、於申口有御盃、扇拜領、

六日（衍、三）、晴、微雪沃、夜前番衆、於○男末有一獻、退出、次於五聖人像前孝經讀經（マヽ）、次易乾坤二卦讀之、次看經、次家中祝義如例、次家君（國賢）ヘ參、兩種双瓶進之、萱堂ヘ美濃帋一束進之、有一獻、次揚明（近衛信尹）ヘ參、二荷三種進之、有御煩氣由、無御對面、次鷹司殿（信房）御方御所ヘ參、有御對面、」（2オ）次九條殿（忠榮）ヘ參、有御對面、次伏見殿（邦房親王）ヘ參、無御對面、次二條殿（昭實）ヘ參、有御對面、白川侍從（顯成）殿來臨、五明五本給之、次竹田宰相來入、牛黃圓一貝給之、及晚朝餉御手長ニ參、次親王御方ヘ御盃ニ參、次參　內、御盃於申口有之、勾當局御酌也、亥刻各退出、

猪苗代兼如鶏冠井村庄屋全齋等來邸
松丸疱瘡發熱
竹田法眼を訪ふ
九條忠榮方違に來邸
大雪
板倉勝重を禮訪す
知行所の百姓伊勢御祓等を進ず
大工源左衛門來賀
東寺寶嚴院來邸
國賢を訪ふ
狩野內膳繪樣相談に來る
知行所の百姓衆來賀
朝鮮使の宿舍本法寺見物
諸家禮訪
大佛師來邸

四日、微雪沃、兼如(猪苗代)來、次鶏冠井庄屋二郎左衛門來、鵝眼二連進之、爲祝義扇三本遣之、次全齋來談、予息男松丸發熱云々、多分可爲疱瘡云々、次竹田法眼へ行、五明五本遣之、宰相へ筆二對遣之、入夜、九條殿御方御所御方違ニ愚宅へ御成、御樽二荷三種給之、奉一獻、子刻還御、亥刻より至曉天大雪也、

五日、雪沃、昨夜雪盈尺、飯後板倉伊賀守(勝重、所司代)許へ禮ニ行、爲樽代百疋進之、片岡左門二十疋遣之、八衛門二十疋遣之、荒木三平二十疋遣之、次郡百姓兩人禮ニ來、伊勢御秡・熨斗鮑等進之、爲祝義五明三本宛遣之、同庄屋久衛門來、鵝目十疋進之、五明三本遣之、次大工源左衛門來、けた木履一足進之、內義へ木燈臺進之、爲祝義帶壹筋遣之、次東寺寶嚴院(空盛)來

(2ウ)

入、鵝眼二十疋給之、」酺一盞、入夜家君へ參、松丸疱瘡見舞畢、病證可然之間令滿足畢、

六日、晴、飯後狩野與一(一翁、重信カ)來、小盃二ツ進之、○平家二ノ卷繪樣相談之間、則書付遣之、次休圓來、ヒイトロノ火カキタテ木進之、次橫大路花屋長介(藤杜)來、餅鏡・双瓶等進之、同○內田九衛門薯蕷・若菜等進之、源介大根一束進之、百姓共悉來、三人侍共令對面、面々給盃畢、次寶筐院殿へ參、御留守無御對面、次本法寺へ朝鮮人見物ニ行、見物禁制之間從門外歸畢、次光照院殿(尊貞尼)へ參、・御對面有盃酌、次入江殿(昌隆尼)へ參、御對面有盃抄、事外令沈醉者也、次聖護院宮(興意法親王)へ參、御對面也、雖可有盃酌沈醉之間、早卒令退出畢、大佛師大藏卿法眼來、五明五本給之、全齋女房

衆來入、砂糖一斤給之、

七種粥
黃符祭
秀賢室國賢を禮訪す
參番

七日、壬午 陰、七種粥如例、次黃符祭之、次女房衆今出川殿(國賢邸)へ禮ニ行、次除平甲參番、冷泉・山科來入、次柴竹彦左衞門來、

諸家を禮訪す

八日、晴、齋了、松木少將(宗信)・持明院少將(基久)令同道穴澤雲齋宅へ行、美濃帋一束遣之、次鷹司殿へ參、次一條殿(內基)へ參、次伏見殿へ參、次竹內門跡(良恕法親王)へ參、次諸家禮ニ行、早朝左馬允來、

難波宗勝等來邸

(3オ)五明貳本進之、及晩難波侍從(宗勝)禮ニ被來、美濃帋一束・五明五本給之、」入夜大雨、今出川へ

松丸を見舞ふ

御松丸疱瘡見舞ニ行、

松丸を見舞ふ
全齋を禮訪す

九日、雨降、早朝今出川へ松丸見舞ニ行、好庵・全齋等出逢、有朝飯、午刻雨晴、全齋へ禮ニ行、美濃帋一束出之、御弁へ水引十把進之、數刻打談、有晩飡、入夜歸蓬華、次鷹司殿新大夫被來、

庭田重定冷泉爲親來邸

次庭田少將(重定)來入、双瓶兩種給之、次冷泉少將(爲親)來入、

秀賢室松丸を見舞ふ
吉田兼見を禮訪す
南禪寺悟心院聽松軒等を禮訪す

十日、晴、意齋へ朝餉雖令約束、俄用所有之間、不行、女房衆松丸見舞ニ今出川へ行、次予吉田二位(兼見)へ禮ニ行、五明五本進之、次南禪寺語(悟、下同ジ)心院(元冲)へ禮ニ行、毛穎五双遣之、次同聽松軒へ禮ニ行、及晩歸蓬華、雨降、曉天雪降、

參番
阿野實顯に年筮を遣す

十一日、雪降、爲吉田代參番、阿野少將(實顯)へ年筮遣之、

照高院妙法院等を禮訪す

十二日、晴、齋了、照高院殿(道澄)へ禮ニ參、御對面有御盃、次妙法院殿(常胤法親王)へ參、御對面有御盃、

細川忠以京都南禪寺にて薙髪す
空性法親王を禮訪す
女院侍從局より鱒等を贈らる
坊城俊昌來邸
平野長泰に書狀を遣す
中院通勝を訪ふ
參番
大聖寺を見舞ふ
冷泉爲滿を訪ふ
松丸快氣
上郎婦來邸
女院侍從局に贈物を遣す
紹元及び元賡來邸
鞍馬毘沙門天に詣す
國賢邸に赴く
松丸の疱瘡快癒す
女院に伺候す
三毬打あり

次智積院(堯性玄有)へ行、筆五對遣之、暫有雜談畢、次持明院僧正(祐宜)へ鵝眼兩ヶ遣之、次智光院殿へ參、水引十把進之、有盃抄、長岡越中(細川忠興)息次男與五郎(忠以、興秋)髻被切、南禪寺ニ蟄居、今日初於賀光院令對面畢、歸路大覺寺御門跡(空性法親王)へ參、御對面有御盃、及黃昏歸蓬華、次、女院侍從御局より鱒十・(3ウ)昆布五束・樽二荷被送之、女房達來之間、女房衆予令對面薦一盞、女房達ニ」美濃帋一束遣之、下部下女之中へ三十疋遣之、次予留守之間小川坊城(俊昌)被來云ヽ、齋了、三省來、五明三本進之、明日大坂令下向云ヽ、仍平野遠江守方へ書狀遣之畢、次中院入道殿へ行、ヒイトロノ火カキタテ木ニ進之、

十三日、戊子、陰、爲實條卿(三條西)代參番、及晚大聖寺殿(惠仙尼)御煩見舞ニ參、疱瘡云ヽ、御快氣也、次爲(冷泉)滿朝臣許へ行、次松丸疱瘡にて舞(見脱)ニ行、昨日より快氣也、仍双瓶肴携之、入夜歸蓬華、

十四日、陰、齋了、上郎婦迎ニ乘物遣之、午刻上郎婦御出、美濃帋一束給之、次、女院御局侍從殿へ二荷三種(鯛五・するめ五まい・昆布三束)遣之、うは乳母使也、予文遣之、有返扎、次四條善藏來、扇三本進之、次紹元來、五明二本進之、次賡侍者(元賡有雅)來、

十五日、晴、庚刁、拂曉、鞍馬毘沙門天へ參詣、女房衆・同上郎婦參詣、各令乘物用意、巳刻下向、次家中祝義如例、及晚今出川殿へ行、御松疱瘡大驗、今日湯ヲ被懸云ヽ、仍爲祝義八木一俵進之、次御盃ニ參、先女院へ參、御日待依御神事無御盞、御左毬打令見物、次年

六位藏人不參のため清涼殿御座を設營す

好仁親王入寺につき供奉を命ぜらる

平野長泰來邸長泰と共に近衞邸を訪ふ

西洞院時直を訪ふ

國賢來邸長泰歸る

廣橋總光を訪ふ

南禪寺に塗輿借用を申入る

好仁親王山城聖護院に入寺す

供奉の衆

路次行列の次第

内今夜始而親王御方御相伴有御盃、仍内々衆各親王樣御迎ニ參、予同參之、次御盃ニ參、（4オ）次左毬打六位藏人不參之間、予也清涼殿御座可搆之由仰也、仍」搆之、御吉書出之畢、次親王御方へ御盃ニ參、夜半後退出、勸修寺黄門(光豊)被示云、來十九日女御腹(中和門院)三宮樣(後陽成天皇第七皇子好仁親王)、聖護院宮爲御弟子可有御入寺、可致供奉之由、内々仰也、可令用意云々、

十六日、晴、平野遠江守來、鵝眼百疋・杉原二束給之、及晩遠江守令同道近衞殿へ參、次勸修寺黄門より、來十九日三宮御入寺者必定也、彌以可致用意被示之、遠江青侍少五郎五明貳本進之、

十七日、雨降、遠江守滯留、朝食令相伴、次西洞院少納言(時直)許へ行、雖當番令相博、

十八日、霎沃、家君御出、獻朝食、平遠州歸宅、次風呂へ入、次冷泉亭へ行、次今出川へ行、次廣橋頭(總光)蘭許へ行、明日義相談、次南禪寺へ塗輿借ニ遣之、

十九日、晴、▨女御腹第三宮、爲聖護宮(院)御弟子、今日御入寺也、三歳也、供奉之衆、烏丸大納言(光宣)・廣橋大納言(兼勝)・万里小路大納言(充房)・中院入道前侍從中納言(通勝)・勸修寺中納言・伯二(白川)（4ウ）位(雅朝)・飛鳥井宰相(雅庸)・鷲尾宰相(隆尚)・頭辨總光朝臣(廣橋)・五辻之仲朝臣・」正親町三條實有朝臣・阿野實顯朝臣・四辻季繼朝臣・富小路秀直朝臣・坊城俊昌・西洞院少納言時直・万里侍從孝房・甘露寺豊長・予等也、路次行列之次第、先女中轅板輿八丁、次殿上人十一人塗輿轅、下﨟

爲先、次宮御方御輿板輿轅、次公卿八人塗輿轅、辰〔卯〕刻令衣冠各參　內、有暫宮御方從女院內へ渡御、從車寄被御輿召云〻、此內殿上人皆乘輿、宮御輿左右北面衆八人供奉、公卿衆青侍十人・布衣二人・雜色十人・笠持一人被連云〻、此內多人數之衆も有之云〻、殿上人布衣一人・青侍七人・雜色七人・笠持一人召連畢、予爲沓持雜色八人召連畢、卯下刻聖護院宮へ渡御、▩公卿殿上人各先傍令休息、有暫各爲祝義太刀令持參、御禮申畢、次御盃參、三獻有之、公卿殿上人不殘御相伴也、有暫有湯漬、七五三也、此後麵、次すい物有之、及大酒、」（5オ）御寺衆於御前有御通、申下刻各退出、則直勾當局へ參、御供仕令退出由申入、次女御へ申入、次女院へ申入、各歸蓬蓽、後聞、青侍雜色不殘於聖護院殿有夕飯云〻、此度、予塗輿轅於相國寺慈照院令借用、簾不具、令迷惑畢、建仁寺十如院轅輿有之云〻、

相國寺慈照院の塗輿を借用す

國賢等來邸

廿日、晴、爲年始御節、家君・萱堂申入、梅龍夫婦・鷹司殿・新大夫・德庵母・同虎法師等來、全齋依咳病不來、及晚冷泉亭へ行、次、全齋行、

全齋を訪ふ

冷泉爲滿邸和歌會始

廿一日、晴、冷泉亭月次會初也、兼日題、鶯是万春友、愚詠、

　鶯にいさなはれてやかしこきもいてゝつかふる萬代の春

當座、逐日雪深、　ふり初ていつれ眞砂とみし色もうつもれはつる雪の濱松

平野長治上洛國賢これを饗す

大坂より已雲齋(平野長治)夜前上洛之由、有使者、則今晚食可相調之由申遣處、可被來云〻、仍家君、

御前に候す
御調合の黑方を下賜さる
中院通村より假名筆を贈らる
天皇宇津保物語の完本を訪求せらる完本なし
國賢を訪ふ
高尾大智院及び通村來邸
家中の者愛宕山に詣す
冷泉爲滿の子息來邸
大學を讀む
通村來邸し松浦宮物語出來を告ぐ
參內し明日の設營をなす
親王公家衆門跡以下參內して歲首を賀す

全齋・梅龍(竹田)召之、及晩家君行、已雲齋より年甫爲祝義鵝眼三十疋給之、

廿二日、晴、急令朝食參番、主上小御所へ御出、予也一人候御前、數刻御雜談、未刻御前ニ被召、鷲尾宰相・予兩人參御前、彼是御雜談共有之、於番衆所夕食給之後、又參御前、御(5ウ)雜談共有之、御調合黑方一具、予・鷲尾兩人令拜領、」尤忝次第也、秉燭之後退御前、相番衆へ一盞持可酣之双瓶重箱令持之、中院侍從假名筆五對被惠之、良筆也、

廿三日、陰、全齋來談、宮川智光院へうつほの物語全部目錄尋遣處ニ、先年淸光院方ゝ被尋之、雖然全本無之云ゝ、源氏よりは少よしと云ゝ、禁中うつほ御本雖有之、全本不知之間、智光院若被覺否可尋之由勅定也、仍尋遣處、右之返事也、返札卽備叡覽、則御所被留置之、次家君へ參、次高尾大智院中將禮ニ來、薦晩飡畢、五明五本給之、入夜中院侍從來談、松浦宮物語配卷〆寫之、

廿四日、雨降、家中遠侍・中間共愛宕山へ參詣、次冷泉爲滿朝臣息男兩人(藤壽丸・千壽丸)年始爲禮來入、兩種双樽給之、女房衆方へ鵝眼三十疋給之、青侍共扇被惠之、隔心之式也、大學讀書、薦吸物調盃酌、入夜中院侍從來入、松浦宮物語出來云ゝ、予也初卷一帖書之、

廿五日、晴、齋了、參 內、明日爲參賀、御座敷共被取置、及晩退出、

廿六日、晴、各御參賀、八條宮(智仁親王)・妙法院宮(常胤法親王)・梶井宮(承快法親王)・同御弟子御所(慈胤法親王)・仁和寺宮(覺深法親王)・伏見殿・

（6オ）聖護院宮・近衛殿(信尹)・鷹司殿(信房)御方御所等」長橋局車寄より御參　內也、九條殿(忠榮)・鷹司殿(信尚)於議定所御對面、二條殿(昭實)於御三間御對面也、次外樣衆悉御禮被申、次三寶院殿(義演)御禮、次理性院・神光院等御禮被申、次持明院僧正御禮、此僧正去冬爲大覺寺御門跡御末寺、初而被任僧正、上野之住僧正也、舊冬依無御對面今日參內也、次諸寺御禮、僧衆前後候争有之、參次第御對面也、仍參次第之帳予付之畢、先大德寺・同三玄院・妙心寺・康德寺・淨華院・松林院・泉涌寺・禪林寺・正法寺・眞如堂・誓願寺・西敎寺・知恩寺等也、於清涼殿西面間御對面也、次於黑戸遊行上人・清水寺・本願・石清水別當・善法寺、次醫師衆等御對面也、予及晩退出、

僧衆坐争ひあり

政仁親王祈禱をなす
秀賢當番故辭すも重ねて召ありて伺候す
參內

廿七日、晴、親王御方御祈禱有之、可參之由有御觸、當番之由令申處、親王御方より御理可有之間可參之由、重而仰之間、令伺候、及晩參　內、

大坂に赴く

廿八日、晴、明日諸家秀頼公へ御禮云々、仍早々冷泉爲滿朝臣令同心、伏見より乘船、大坂へ下向、大炊殿(平野長治)一宿、

大坂城に至り豊臣秀頼に歳首を賀す
存庵及び片桐且元を訪ふ
片桐貞隆を訪ふ

廿九日、齋了、冷泉令同心、著衣冠大坂城へ參入、各參集之後禮被請之、午刻計欤攝家・門（6ウ）跡有三獻、清花平名有一獻、未下刻各退城、存庵晩飡可振舞之由令」約束之間、冷泉殿令同心存庵宿へ行、次、片市正(片桐且元)へ行、依沈醉無對面、次、片主膳(片桐貞隆)許へ行、燒物三具遣之、近

近衛信尹先客たり
平野長泰邸に滞留す

衛殿従先程有御成、御酒半也、亥刻平遠江守許へ行、及晩長印許へ行
廿日、晴、遠州ニ滞留、及晩長印許へ行、

二月小

信尹長泰を訪ひ連歌を行ふ
信尹と共に京極高知の茶湯に赴く
伊勢物語を讀む
歸洛す
寶嚴院を訪ふ
女院御所參候の觸あるも參らず
飛鳥井雅庸及び阿野實顯來談
國賢邸に赴き性院等と雜談す
松丸を見舞ふ

朔、丙午 平遠江守(平野長泰)許へ近衛殿(信尹)御成、連哥令興行、予也加連衆畢、亥刻還御、
二日、晴、近衛殿御方丹後(京極高知)許茶湯御出、予也可參御相伴云々、仍令御供丹後許へ行、近衛殿則御上洛、予也遠江許へ歸、伊勢物語半巻談之、及夜大炊殿(平野長治)許へ行、
三日、晴、於大炊殿令朝食、辰刻上洛、遠江守馬送之、次東寺法嚴(寶)院(空盛)へ行、鵝眼二十疋進之、黄昏歸蓬華、
(7オ)
四日、晴、女院(新上東門院)御所可參之由有御觸、咳病之故不參、」飛鳥井宰相(雅庸)來談、來八日於禁中和歌御當座有之云々、入夜阿野少將(實顯)來談、
五日、庚戌 晴、入夜今出川へ行、性院(秀賢弟)・全齋等雜談、微雪、
六日、晴、平野部右衛門許へ梅龍軒(竹田)・全齋令同心晩飡ニ行、歸路今出川へ行、松丸咳病見舞之畢、

参番
政仁親王に孝經授讀

和歌御會

退出後烏丸光廣邸に赴く

參內
近衛前久年頭を賀し參內す

七日、晴、齋了、參番、於御前親王(政仁親王)御方へ孝經序中程五六行奉教授之、

八日、陰、今日和歌御會也、被召人數　照高院准后(道澄)・八條宮(智仁親王)・大覺寺宮(空性法親王)・竹內宮(良恕法親王)・日野大納言光宣卿・廣橋大納言兼勝卿・持明院中納言基孝卿・山科中納言言經卿・中院入道前侍從中納言素然(通勝)・勸修寺新中納言光豐卿・飛鳥井宰相雅庸卿・三條宰相中將實條卿・鷲尾宰相隆尚卿・頭右大辨光廣(烏丸)朝臣・頭左中辨總光朝臣・水無瀬中將氏成朝臣・左馬頭之仲朝臣・阿野少將實顯朝臣・四辻少將季繼朝臣・左衞門佐秀直朝臣・飛鳥井少將雅賢・西洞院少納言時直・予等也、百首御當座也、予探得題、柳無氣力、爐火似春、憑誓言戀、已上三首也、

春の色はそれとはかりに白露のむすふもよはき青柳のいと　秀賢」

さりやらてくらせる程や春の日の《に》ひかりにあたる埋火のもと　秀賢

さりともとをもひかへして幾年かたのみて過ぬちかふ心を

(7ウ)

申刻各退出、無講頌、有一獻、及黃昏頭右大辨亭へ向、水無瀬中將・阿野少將兩人、予以前より被雜談、累刻打談之、當座五首宛可讀之由被催之間、令同心、至東方既白、歸蓬蓽、

九日、雨降、齋了、參　內、今日龍山(近衛前久)爲年始御禮御參　內也、仍廣橋父子・鷲尾宰相・左衞門佐・滋野井侍從(冬隆)・予被召之、女院へ龍山御成、各令御供、次親王御方へ龍山御成、各

参番
豊臣秀頼より短冊を届けらる
花山院定煕ら五人に詠進を依頼す
山科邸を訪ふ
松丸を見舞ふ
飛鳥井及び冷泉邸に赴く
定家奥書のある為家筆新勅撰集を覧る
冷泉為満と共に庭田中院竹内烏丸邸を訪ふ
参番
為満を訪ふ
全齋を訪ふ
出産
全齋等來邸
中院通村來邸
庚申待御遊あり

又親王御方へ參、及黄昏退出、入夜爲言緒卿代參番、

十日、雨陰、存庵方より書狀到來、云、秀頼公爲仰、短冊五十枚來、花山院(定煕)大納言・勸修寺中納言(光豊)・冷泉中將(爲滿)・中院侍從(通村)・予以上五人十枚宛、令書遣之由仰也云々、各へ自予方可相届由也、仍各へ令持參、右之旨申渡畢、次山科亭へ行、數刻打談、次今出川へ行、御松咳病見舞畢、」

(8オ)十一日、陰、及晩飛鳥井へ行、次冷泉へ行、爲家卿自筆新勅撰令拜見、驚目畢、定家卿奥書有之、

十二日、晴、冷泉爲滿朝臣來談、卽令同心庭田少將へ行、次中院へ行、次極﨟(竹内孝治)へ行、次烏丸頭﨟へ行、入夜參番、

十三日、晴、巳刻大霰降、冷泉爲滿朝臣許へ行、彼息近日首服云々、仍令見舞者也、次全齋へ行、

十四日、晴、巳刻女房衆令産、今月八月(マヽ)也、仍傷胎産後平安也、令滿足畢、全齋・梅龍軒等見舞被來、次中院侍從來談、次好庵來談、薦晩飡、次賀茂猪兵衛見舞ニ來、五明二本進之、

十五日、庚申 晴、今日庚申有御遊云々、雖有召、有産之故不參、次全齋へ行、及晩梅龍

冷泉爲滿來談
平野部右衛門に太平記を覽せしむ
山科言經に諸家傳を借る
家康上洛の風聞に大津に赴く
性院等來邸
中院通村に藤原行成筆の旨を答ふ
冷泉爲賴元服に列座す
元服次第を指南す
政仁親王授讀參內
甲子待
當座和歌御會及び御遊あり
家康伏見城に入る

軒・同宰相・宰相(行)等令誘引、於予亭守庚申畢、夜半後各歸宅、次冷泉爲滿朝臣來談云、今日息男敍爵勅許云々、然者來十八日可令首服云々、

十六日、晴、平野部右衛門より太平記見ニ來、次從山科黃門(言經)、諸家傳借寄、令一覽、

十七日、晴、今日大樹(徳川家康)御上洛之由令風聞之間、冷泉・山科・土左(土御門左馬助)等令同心大津迄御迎ニ行、雖然無御上洛之間、卽時令歸蓬華、及晚冷泉亭へ行、入夜雨降、

(8ウ)十八日、雨降、性院・喜多坊・法身院・密藏院敬俊等來入、」薦朝食、次中院侍從より手本一卷見ニ來、多分可爲行成卿筆之由申遣畢、次今日晚冷泉息千壽丸(爲賴)元服云々、仍爲祝義三種二荷遣之、及晚伺冷泉亭、於彼亭令衣冠出座、加冠　勸修寺中納言光豐卿也、著座公卿光豐卿・六條宰相有廣卿・鷲尾宰相隆尙卿等也、列座之衆、山科中納言・四條少將隆昌・土御門左馬助久脩・內藏頭言緖・予等也、理髮、極﨟孝治(竹内)、今度首服之作法大概予令指南畢、新冠今年十四歲云々、

十九日、陰、辰刻御方(政仁親王)御所へ參、有御讀書、次參　內、今日甲子也、仍有御遊、八條宮・揚明・中院入道・勸修寺中納言・鷲尾宰相・水無瀨中將・五辻左馬頭・阿野少將・四辻少將・坊城右中辨(俊昌)・甘露寺右兵衛佐(豐長)・万里小路侍從(孝房)・予等也、申刻御當座五十首有之、予餘寒月・海旅兩首詠之、入夜盤上御遊也、及鷄鳴各退出、今日午刻大樹伏見御着城云々、

秀賢等家康を伏見に訪ふ
對面なし
歸路東福寺に寄り花を覽る
政仁親王に孝經授讀
參番
平野父子より書狀來る
參番
政仁親王に孝經授讀
久我敦通を訪ふ
竹内孝治邸に泊す
近衛前久を禮訪す
宗養の連歌の事を談ず
鹿谷不動及び黒谷に寄る
國賢繼母死す
北野社法樂和歌御會
冷泉邸に赴く
秀賢等家康を伏見に訪ふ
對面なし
豐國社及び清水寺に詣す
參番

廿日、晴、冷泉・六條・内藏頭等令同心、大樹へ參、今日者依御草臥無御對面、歸路東福寺立寄見花畢、日入之比歸蓬華、次冷泉より三種二荷被送惠之、

(9オ)

廿一日、親王御方へ參、孝經奉授之、次參番、實顯代也、同參宿、」已雲齋(平野長治)幷遠江守(平野長泰)より書狀到來、午後雨降、

廿二日、雨降、參番、未刻親王御方へ參、孝經奉授之、及晩竹内極﨟(孝治)許へ行、入夜歸蓬華、

廿三日、齋了、竹内令同心、久我大納言(敦通)殿へ行、五明三本・かな筆二對進之、次風呂へ入、竹内ニ一宿、

廿四日、晴、齋了、竹内極﨟令同心、東山龍山へ年始之御禮ニ參、檀帋一束進之、御對面數刻御雜談、宗養連哥之事共申入、其覺共令語之給、たゝ袖に春風ちかし梅花、宗養於若狹獨吟之、此獨吟宗養自慢云々、歸路鹿谷不動、次黒谷へ參、及晩歸蓬華、竹内極(﨟脱)愚宅へ令同心、薦晩飡、今日午、家君御繼母逝去、

廿五日、晴、聖廟之御法樂有之云々、雖有召依產穢不參、入夜竹内令同心冷泉へ行、

廿六日、晴、齋了、烏辨殿・六條殿・冷泉殿・四條殿・山科内藏頭殿令同心、伏見へ大樹御見舞ニ行、三月三日迄無御對面、重而可參之由也、歸路豐國社へ參、次清水寺へ參、花最中也、及黃昏歸蓬華、入夜爲兼勝卿代參番、

女院御所にて観花の宴あり

衆酩酊甚し
參番

廿七日、晴、參番、女院有御花見、依召參院、八條宮・照高院准后・一乘院准后(尊勢)・大覺寺宮・曼殊院宮・近衞殿・鷹司殿等御相伴、廣橋大納言・同頭辨・勸修寺中納言・中院入道・持明院中納言・白川二位・三條宰相中將・」(9ウ)鷲尾宰相・左馬頭・阿野少將・四辻少將・左衞門佐・平少納言・滋野井侍從・万里小路左少辨(孝房)・高倉侍從・坊城右中辨・右少辨・庭田少將・予等也、從未刻至戌刻大酒、各酩酊不斜者也、入夜參番、

冷泉邸月次和歌會
前夜の酔のため出席せず
竹內孝治來談

廿八日、陰、冷泉亭月次和哥會也、依余醉不出座之、然共短册被送之間令詠遣之、竹內來談、入夜大雨、

(小盡)
國賢來邸
沙石集外題を書す

晦日、大雨、家君御出、砂(沙)石集外題書之、次前元侍勘之、御室御計歟、九條殿へ參、風呂へ入、及晚歸蓬華、入夜參番、俊昌代也、

三月大

孝治來邸し鬪鶏打合せをなす

朔、乙亥　竹內極﨟(孝治)來談、鬪鶏觸狀次第等被談合、次第書付遣之、

鬪鶏觸狀

來三日、鬪鶏三羽可令持參給之由、被仰下之、各可得御意候也、追申候、宿帋拂底之間、先內々中入候、

三月一日　　孝治

頭辨殿光廣朝臣　頭左中辨殿總光朝臣　大内記殿爲經朝臣　冷泉中將殿爲滿朝臣　左馬頭殿之仲朝臣　源少將殿重定朝臣　三條少將殿實有朝臣　阿野少將殿實顯朝臣　四辻少將殿季繼朝臣　左衞(門脱)佐（10オ）殿秀直朝臣　四條少將殿隆昌朝臣　右少將殿季康朝臣」冷泉少將殿爲親朝臣　左兵衞佐殿兼治朝臣
藏人辨殿俊昌　左馬助殿久脩　園少將殿基任　飛鳥井少將殿雅賢　平少納言殿時直　猪隈少將殿教利　四條侍從殿隆致　中御門少將殿宗信　持明院少將殿基久　日野侍從殿光慶　内藏頭殿言緒　藤侍從殿永慶　左少辨殿孝房　右少辨殿宣衡　中院侍從殿通村　廣橋侍從殿兼賢　難波侍從殿宗勝　滋野井侍從殿冬隆　高倉侍從殿嗣良　白川侍從殿顯成　左衞門權佐殿共房　堀川侍從殿康滿　右兵衞佐殿豐長　春宮權大進殿業光　式部少輔殿秀賢　冷泉侍從殿爲頼　祭主殿種忠　新藏人泰重　秀才殿在通

紹元に小學注本を貸與す
九條邸に赴き職原抄を講ず
近衞邸及び一乘院を訪ふ
參番
政仁親王に孝經授讀
秀賢等家康を禮訪す

如右書付遣之、名乘者爲覺註之畢、次紹元來讀小學、注本四册借遣之、次九條殿へ參、職原抄講之、今日初度也、攝政關白之段迄講之、及晩揚明へ參、次一乘院殿(尊勢)へ參、有御對面、暫御雜談有之、入夜御盃ニ參、

（10ウ）二日、晴、齋了、參番、於御三間親王(政仁親王)御方御讀書奉授之、」主上暫有御雜談、

三日、晴、早朝、六條宰相(有廣)・冷泉中將・四條少將・山科内藏頭(言緒)・烏丸頭辨・予令同心、大(徳

大名衆家康に候す

樹(川家康)へ御禮ニ參、着烏帽子狩衣、今日大名衆御禮也、先京極宰相(高次)・播广池田中將(輝政)・安藝少〔福嶋〕(正則)將・美作毛利右近侍從(秀就)・丹後京極修理(高知)・稻葉彦六(典通)等也、此外諸大夫五六十人有之、其次藥〔醫〕師衆御禮被申之、有暫、六條宰相以下太刀令持參御禮申之畢、大名衆御禮被申間ニ御前令候畢、各禮畢之後、烏丸大納言(光宣)・花山院大納言(定熙)・同少將(定好)・飛鳥井宰相(雅庸)・同少將等御禮ニ被參、大納言兩人太刀披露、其外持參、午刻趣(赴)歸路、始之衆令同心、予便(辨)當令携之間、於稻荷山中令調義、傾數盃畢、自稻荷山越ニ東福寺へ行、及晚歸蓬蓽、

政仁親王及び女御女院に候す

入夜親王御方へ御禮ニ參、次女御殿(中和門院)へ御禮ニ參、次女院(新上東門院)へ御禮ニ參、次御盃ニ參　內、親王御方御盃御相伴也、仍御盃以前女御殿へ親王御方御迎、內々衆各參、予執燭之、盃畢後又女御殿へ親王御方還御、各又奉」送入畢、各退出、(11オ)

參內

能興行の設營をなす

四日、晴、齋了、參　內、〇明後日より可有御能云々、爲令御座敷共御取置也、被召衆、鷲尾宰相・五辻左馬頭・阿野少將・四辻少將・左衞門佐・小川坊城右中辨(俊昌)・滋野井侍從・予等也、未刻各退出、

國賢及び法幢院來邸

次家君(國賢)御出、法幢院來、

女院の御惱見舞に參ず

五日、晴、昨夜女院事外御病惱云々、仍早朝內藏頭令同心御見舞ニ參、

平野長治來談

次平己雲齋(平野長治)來談、平遠州(長泰)より懸硯一到來、

花山院邸に赴く

女院に參候す

六日、晴、朝飯ニ花山院へ行、次女院へ御見舞ニ參、未刻九條殿へ參、職原抄講之、及晚

九條邸にて職原抄講義
黒戸御所にて女房能を覧る
能數十一番
參內演能
亂酒に及ぶ
性院來邸し高雄山結界申狀につき談ず
細川忠興の病を見舞ふ
白川邸坊城邸藤波邸に赴く
鷄冠井村百姓不穩
比叡山月藏坊に毛詩注本を貸與す

有鞠、次冷泉亭へ行、
七日、拂曉より參　內、雨降、雖然御能有之、大夫女也、堺之住人云々、浮舟大夫号ト云々、
御相伴之衆、照高院殿(道澄)・一乘院殿(尊勢)・大覺寺宮(空性法親王)(×殿)・聖護院宮(興意法親王)・曼殊院宮(良恕法親王)・八條宮(智仁親王)・近衛殿(信尹)・鷹司殿中將殿(信尚)・入江殿(昌隆尼)・光照院殿(尊貞尼)等也、廣橋父子・烏丸父子・白川父子・持明院父子・勸修寺新中納言・万里小路父子・飛鳥井父子・鷲尾宰相・三條宰相・中院入道・山科父子・小川坊城・西洞院少納言・四辻・阿野・左衛門佐・五辻・水無瀬父子・滋野井・難波・甘呂寺右少辨・松木・庭田・藤宰相父子・高倉・予等也、御能數十一番、脇、賀茂・敦盛・采女・(11ウ)愛壽・車僧・橋辨慶・當痲・蘆刈・三輪・女郎花・呉羽也、及黃昏各退出、予當番一宿、
一八日、陰、齋了、參　內、後朝御能有之、嵐山・八嶋・源氏供養・行家・葵上・花月・盛久・高砂也、御能以後亂酒也、及黃昏各退出、予五六人居殘、御取置候之、戌刻退出、
九日、晴、性院僧正來談、高雄山可令結界申狀等及相談、午刻吉田へ行、長岡越中守(細川忠興)二三日以前上洛、依煩吉田ニ被止居、仍爲見舞行向、病惱故誰ニモ無對顏云々、次二位亭(白川雅朝)へ行、數刻打談、神事雜穢之事部類記三四卷取出被見之、及晚坊城亭へ向、鷄冠井村百姓共不謂事共申付而各令相談可申付云々、及黃昏祭主亭(藤波種忠)へ向、次庭田令同道、風呂へ入、
十日、陰、叡山月藏坊來、鵝眼二ヶ惠之、毛詩注本十五六卷幷小本兩策借遣之、次中院侍

中院通村及び九條邸に赴く

從へ行、次九條殿へ參、入夜歸蓬蓽、

家康を訪ふ

十一日、晴陰、齋了、伏見へ大樹御見舞ニ行、事外御機嫌也、牡丹手自令持出給、可花歟、空左禮言共也、有御振舞、入夜歸蓬蓽、

參番
政仁親王御煩を候す
春屋妙葩の筆跡を返却す

(12オ)十二日、晴、齋了、參番、於御前數刻有御雜談、次親王御方」從昨日御煩云〻、仍御見舞ニ參、次大炊殿(平野長治)より春屋筆跡取ニ來候間遣之、五郎左衛門(平野)誂之、然共先遣之、

平野長泰に硯を返す
政仁親王及び冷泉邸に赴く
國賢等來邸

十三日、晴、平遠州(長泰)許より書狀到來、先日預ヶ置、かゝけ硯兵吉・半兵衛兩人ニ可渡云〻、仍渡之畢、此方使新右衛門也、親王樣へ參、次冷泉亭へ行、及晩家君・全齋等御出、

中原師生等來邸
政仁親王に候す

十四日、晴陰、掃部頭(中原師生)來談、次郡村之事ニ付而行田下代來、次敬俊來、次親王御方へ御見舞ニ參、及晩雨降、

徳川秀忠近江永原着

十五日、陰、午刻冷泉へ行、次山科へ行、今日右大將殿(徳川秀忠)永原へ御着云〻、

政仁親王に候す
一乘院の筮勘

十六日、雨降、親王御方へ見舞ニ參、一乘院殿へ參、入夜筮勘之、一乘院殿御誂也、

平野長治と共に近衞邸を訪ふ

十七日、晴、已雲齋令同心近衛殿へ參、次親王御方へ參、筮一乘院殿ヘ進之、

冷泉邸を訪ふ
宿番

十八日、雨降、及晩冷泉亭へ行、冬隆爲代參宿番、

參番
滿丸乳母の夫來邸
冷泉等來邸

十九日、晴、爲宣季代參番、及晩光丸(滿)乳母夫《ヲット》初而來、三荷三種進之、女房衆へ足袋一足進之、令對面小袖一つ遣之、次冷泉・山科・烏丸辨・左馬助來談、薦晩飡、

秀忠を永原に訪ふ

瀬田に泊す

歸洛す

冷泉邸に赴く

秀忠伏見に著す

伏見に秀忠及び家康を訪ふ

最上義光を訪ふ

政仁親王に候す

國賢及び諸家を訪ふ

廣橋總光を訪ふ

秀忠參內のため通路を淸掃す

九條邸にて職原抄を講義す

伏見に赴き秀忠に謁す

家康に謁す

三淵藤利邸に泊す

廿日、晴、右幕下(徳川秀忠)江州永原ニ御滞留之間、爲御見舞ｏ烏丸辨馬令借用冷泉・山科內藏頭・土御門左馬助(久脩)・予等折令持參、午下刻永原ニ着、於傍改衣裳御宿所ヘ參、則大くほ相模守(忠隣)出逢之間、御見舞之申處、やかて御對面也、則御暇申歸、及日暮、奴僕草臥之間、勢多別保ニ一宿、」

(12ウ)

廿一日、晴、日出以前歸蓬華、及黄昏入風呂、次冷泉亭ヘ行、今日右大將殿伏見ヘ御着云ゝ、路次行粧驚目云ゝ、前後騎馬三千騎余云ゝ、東國諸大名悉御供云ゝ、

廿二日、陰、雖當番令相博、伏見ヘ右幕下御見廻ニ行、卽御對面也、次右府公ヘ參、御對面、有御振舞、次最上殿(義光)ヘ行、入夜歸蓬華、

廿三日、陰、親王御方見舞ニ參、次家君ヘ參、次九條殿ヘ參、次六條宰相ヘ行、冷泉・山科令同心、有粥、盃酌及度ゝ、入夜歸蓬畢、未刻甚雨、

廿四日、晴、齋了、廣橋辨ヘ行、數刻打談、次勸修寺黄門より宿帋所望ニ來、一帖遣之、來廿九日右幕下御參　內云ゝ、仍爰元御前路令掃除畢、次九條殿ヘ參、職原抄講之、及晩雨沃、入夜九條殿御方違ニ御成愚宅、一折一樽令拜領、

廿五日、晴、ｏ女院御所侍從御局ヘ一折一樽令音信、巳刻より伏見ニ行、右大將殿ヘ參、御對面也、匂袋十五進之、さかい兵衞大夫(酒井忠世)奏者也、山科父子・冷泉・土御門・六條・予等也、及晩右府ヘ參、數刻有御雜談、御振舞已後退出、三淵伯耆守(藤利)宿所ヘ行、令休息一宿、

大久保忠隣等を訪ふ

廿六日、晴、早朝大くほ相模守へ行、遂對顏匂袋五遣之、次大くほ加賀守(忠常)處へ行、匂袋五(13オ)遣之、兩所、山科內藏頭・六條・冷泉令同心畢、次三淵伯耆宿へ歸、令朝食」令休息之處、

烏丸光廣と共に秀忠及び家康を訪ふ

烏丸辨來訪、卽令同心、右大將殿へ參、懸御目、次右府へ參、有御振舞、及晚退出、日沒之比歸蓬蓽、

北野社參詣　朝鮮使の行列に遇ふ　冷泉爲滿より罇を贈らる　參番

廿七日、丑 晴、早朝聖廟へ參、歸路高麗人伏見へ行ニ出逢、於油小路令見物畢、○冷泉爲滿朝臣より罇五被送惠之、齋了、參番、當季令扶助青侍、自富小路被理子細依有之、逐出畢、治部卿來、次畑九左衞門來、

宿番

廿八日、陰、晡時雨沃、實條卿爲代參宿番、

德川秀忠參內

廿九日、晴、平野遠江守來、右大將秀康(忠)卿御參　內也、先伏見より二條之御城へ御成、次ニ於藥院御裝束、山科・冷泉候御裝束ニ、烏丸父子・予藥院ニ相待、懸御目、參　內御成之程、立石之邊迄各御迎ニ出、傳奏兩人(廣橋兼勝・勸修寺光豐)・日野父子・烏丸父子・飛鳥井父子・藤宰相父子・山科父子・冷泉・四條・予等令御供、自四足門參　內、先鬼間ニ御休息、有暫主上出御、右大將淸涼殿於西間御禮、進物御太刀・御馬・銀子二百枚・綿千把、親王御方へ進物御太刀・御馬・銀子百枚、親王御方同御座ニテ御對面、三獻參、次大名衆御禮、米澤中納言景勝(上杉)・京極宰相(高次)・伊達少將政宗・毛利右近少將(秀就)・池田三左衞門少將(輝政)・佐竹少將(義宣)・最上少(義光)(13ウ)將・毛利宰相(秀元)・丹後侍從(京極高知)・」稻葉侍從(典通)・會津侍從(蒲生秀行)等也、各御太刀・御馬進之、天盃被下之、

次右大將御退出、山科父子・冷泉・予藥院迄奉供、後退出、

西洞院時直を訪ふ

卅日、雨降、午刻西洞院(時直)少納言許より送書札云、庭前之藤花春猶深云々、仍卽行、六條相公・竹內極﨟出逢、及黃昏歸蓬蓽、

四月大

公家衆家康秀忠に謁す

朔、乙巳 晴、六條相(有廣)公・冷泉中將(爲滿)・烏丸頭辨(光廣)・山科內藏頭(言緒)令同心、大樹(德川家康)へ參、則御對面也、其後右大將(德川秀忠)へ參、御對面、晡時歸宅、今日其外大樹御見舞之衆、烏丸大納言(光宣)・廣橋父子(兼勝・總光)・花山院大納言(定熈)・日野父子(輝資・資勝)・勸修寺中納言(光豐)・藤宰相父子(永孝・永慶)・飛鳥井父子(雅庸・雅賢)・水無瀨中將(氏成)・土御門左馬助(久脩)等也、

腫物出來のため參內せず

冷泉及び山科來談

二日、陰、愚足腫物出來之故、番白川侍從(顯成)へ令相博、又雖被召御取置、依腫物不參、筑後來、腫物之」(14オ)藥傳之、入夜冷泉・山科內藏頭來談、有盃酌、

冷泉に青侍の裝束等を貸す

政仁親王に孝經讀授

冷泉及び山科來談

三日、陰、桶大工來、五斗樽三ッ・桶盤等令細工、次筑後來、藥付之、次冷泉より青侍烏帽子單襖幷雜色具等借來之間、召遣之、次親王(政仁親王)御方より有召、依腫物不參、及晚親王御方へ參、孝經奉授之、黃昏退出、未刻微雨沃、入夜冷泉中將・山科內藏頭來談、

乗物購入
政仁親王に孝經讀授
近衞邸に赴き沈醉す

四日、陰、令行水、齋了、鎭宅靈符行之、巳刻より雨降、乗物令買得代銀子十六匁目也、午刻親王御方へ參、孝經奉授畢、及晩於近衞殿政所殿有御振舞、令沈醉退出、今日大樹御上洛之由內々有沙汰、依雨延引云々、

九條邸を訪ふ

五日、晴、及晩九條殿へ參、

全齋來談

六日、朝雨降、巳刻晴、全齋來談、及晩梅龍軒へ行、

參番
政仁親王に孝經讀授

七日、晴、齋了、參番、午刻親王御方へ參、孝經奉授之、

池田照直侍從に任ぜられ參內す
細川忠興を訪ふ

八日、晴、池田三左衞門（輝政）息男備前侍從照直今日昇殿、仍各參　內、大樹二條之御城へ御上、羽柴越中（細川忠興）吉田ニ被居之間見舞ニ行、

參內
最上家親及び細川忠利侍從に任ぜられ參內す
家康を訪ふ

九日、晴、未刻雨沃、巳刻參　內、今日最上息男（家親）・羽柴越中息男（細川忠利）昇殿、仍各參　內、及晩大樹へ參、〇「最上、今日侍從、名乗家親、羽柴越中息內記、今日敍爵侍從、名乗忠利、」

家康參內す
家康昵近の公家衆

（14ウ）十日、晴、大樹御參　內、仍早朝參　內、辰下刻大樹御參、塗輿唐門之外迄被召、仍各唐門外迄御迎ニ被出、自長橋局御參、長橋局へ御供ニテ參衆、烏丸父子・日野父子三人・廣橋父子三人・万里小路父子（充房・孝房）・勸修寺・藤宰相父子・六條・飛鳥井父子・山科父子・四條隆昌・柳原（業光）■・予・冷泉侍從（爲賴）等也、右衆被御供御前ニ參、大樹御酌ニテ右之衆廿二人御通被下之、此衆昵近之衆也、大樹御進物、綿二百把・銀子百枚、親王御方へ銀子

五十枚、有三獻、畢後女院へ大樹御參、女院へ御供之衆、廣橋父子三人・万里小路父
(15オ)子・勸修寺・予迄也、女院へ進物、紅花二百斤云〻、」有二獻、畢後御退出、於長橋局有
一獻、午上刻御退出、各唐門外迄送申畢、次禁中御座敷御取置有之、未下刻大樹へ參、

飛鳥井邸に赴き蹴鞠の裝束の談合をなす

御對面、事外御機嫌也、入夜飛鳥井亭へ行、鞠之裝束令談合之處、柴(紫ヵ)末濃之袴可着用云
〻、鞠天之紫紅、沓之外者紅色ヲ着用も不苦云〻、文紗不苦云〻、露なとハ紫も紅も不苦
云〻、

松平忠輝右近衞權少將に任ぜられ參內す

十一日、晴、齋了、烏丸頭藺之許へ行、次今日大樹御息松平上總介忠輝昇殿、被任敍從四位
下少將、仍各參　內、未刻[redacted]主上御對面、天盃被下、進物御太刀・御馬・銀子五十枚、親
(15ウ)王御方同座御對面也、〇御太刀・銀子三十枚被進之、及晚」冷泉・山科令同心大樹へ參、

冷泉及び山科と共に家康を訪ふ

公家衆門跡等二條城に歲首を家康に賀す

十二日、晴、諸公家・諸門跡大樹へ年頭之御禮也、仍爲御見舞大樹へ參、令同心衆、山科
內藏頭・冷泉中將・六條宰相・烏丸頭藺・四條少將等也、入夜參宿番、候御前、水無瀨中

參番

將ト中將碁(棊)被遊、令見物、御雜談共有之、

松浦鎭信に音物を贈る
家康を訪ふ

十三日、晴、松浦法印(鎭信)へ双樽一折・芍藥花等贈之、留守也云〻、大樹へ參、不懸御目、及

勸修寺山科壬生等を訪ふ

晚勸修寺亭へ行、次山科亭へ行、次官務(壬生孝亮)へ行、入夜歸蓬華、

九條邸職原抄講義
家康を訪ふ

十四日、陰、早朝九條殿へ參、職原抄談講之、有御振舞、次大樹へ參、有暫御出、予也有

醫者衆の院號の事を問はる

御尋之義、子細者、近日醫者衆院號稱之衆繁多也、爲勅命如此哉、私ニ如此義歟、如此繁多ニハ有間敷被思召之由也、予尤之由申之、內〻可得勅意也、其旨以傳奏御尋可有之云〻、」

未刻雨降、

中原師生等來談

(16オ)十五日、雨降、大外記(中原師生)・官務來談、次小史定照(小槻定昭)・出納將監(平田職清)等來、次竹內來談(孝治)、

秀忠征夷大將軍宣下

內大臣を兼ね淳和院別當に補せらる

正二位に敍せらる

宣下の公卿衆伏見に至る

宣下の式次第

十六日、早朝、六條宰相・冷泉中將・山科內藏頭・四條少將令同心伏見ヘ行、今日大納言源秀忠被任將軍有宣下、御城上卿　勸修寺中納言、奉行　廣橋頭左中辨總光朝臣、職事　右中辨俊昌、參木　雅庸、巳刻有宣下云〻、此次被任內大臣・淳和院別當、次被敍正二位、越階也、前從三位、氏長者・獎學院別當者前將軍御兼帶也、仍淳和院計被宣下、位記、五條大內記爲經朝臣作進、請印、西洞院少納言、輔代、中務丞源孝治、午刻伏見ヘ上卿以下今日宣下之役者悉被參、秀忠則紅直垂御着用、ちいさ刀令指給、出御、■山科父子・六條・冷泉・四條・予也自奥間令御供、候簀子、(16ウ)次爲勅使廣橋大納言被參、直衣着用如何、不有識至欤、」被示宣下、後着座、次上卿着座、次參木着座、次奉行、次職事、次少納言、次輔代、各着座畢、官務將軍宣旨持參、於簀子細川侍從源忠利請取、御前ヘ持參、有御頂戴、被置右御脇、卽沙金一裹拜領、官務卽令頂戴退、次大內記爲經朝臣位記持參、於座敷下細川侍從請取、御前ヘ持參、御作法如先、卽沙金一裹拜領、次淳和院別當宣旨官務持參、作法如先、次大外記內大臣宣下

上卿以下祿を拜領

持參、如先、次牛車兩宣旨次第ニ持參、如先、午後勅使・上卿以下祿給之、廣橋大納言へ金子五枚、上卿へ金十枚、奉行辨五枚、職事五枚、參木御服一重・金一枚、大內記御服一重・金一枚、少納言御服一重・金一枚、輔代御服一重金一枚、各於坐中披露、勅使・上卿兩人ニ鞍置馬被下之、次各起座、(17オ)御太刀進上、被禮申之後各退出、御身固ニ土御門左馬助」久脩被參勤、秀忠着座後卽可被候之處、上卿以下着座以後被參御身固、時刻失念歟、惣地下悉御禮申、御太刀進上畢、後

家康を候す

山科父子・六條・冷泉・四條・予等御太刀持參御禮申畢、退出、次前將軍へ參、方外御機嫌也、有晩飡、日沒以前歸蓬蓽、今夜庚申待也、仍參 內、

庚申待參內

秀忠二條城に入る
秀忠を訪ふ
溝口外記を訪ふ

十七日、晴、將軍二條御城(×成)へ御上、及晚御見舞ニ參、御對面也、入夜參次溝口外記處へ行、冷泉・山科令同心、留守之內申置畢、扇子十本遣之、入夜參番、

六條邸押小路邸等に赴く

十八日、晴、六條亭へ行、次押小路亭へ行、今度宣旨共錄拜領爲祝詞(述)也、次冷泉亭へ行、

秀忠を訪ふ

次全齋へ行、家君只今從氷室御出京、次六條殿令同心二條御城へ行、內相府內義御用之由也、仍頓而退出、平遠州(長泰)來、一宿、

平野長泰來宿

全齋松浦鎭信を饗し秀賢も招かる
秀賢等秀忠を訪ふ

(17ウ)十九日、從昨夜雨降、今朝於全齋平戶法印(松浦鎭信)被振舞」予也相伴ニ可來之由被示、仍早々向全齋亭ニ、有暫、法印被來、色々雜談共有之、午下刻冷泉・六條令同心二條へ行、內相府懸御目、碁・將碁(棊)共有之、頓而退出、三男千世丸從病惱、好庵召ニ遣之、則來一藥調合、遠

千代丸病む
長泰滯留

甲子待
參內
國賢鷹司邸孝經讀書に赴く
秀忠より小袖等拜領す
久我邸國賢山科邸に赴く
惡路のため秀忠の參內なし
當番
平野長泰伏見に歸る
秀賢等秀忠及び家康を訪ふ
全齋を訪ふ
大久保忠隣等に音物す
參內
秀忠及び最上義光を訪ふ
九條邸を訪ふ
長泰及び光廣來邸
秀忠の參內延引

州滞留、
廿日、晴、甲子、齋了、參　內、甲子待依召也、夜半後退出、今日鷹司殿御方御所御讀書、家君師範ニ御參、孝經也、
廿一日、雨降、御取置ニ參、次大樹秀忠公より小袖一重一ツハ綾、一ツハ折筋、・金子一枚拜領、御使小澤瀬兵衞尉（忠重）云々、即御禮ニ參、以大久保相模守（忠隣）御禮申入畢、有暫退出、山科明日御參　內之裝束等被點撿、予也令合力畢、次久我殿（敦通）へ行、次家君へ參、今日法會等令雜談、次山科亭へ行、次富小路左衞門佐へ檀帋廿帖遣之、
廿二日、晴、路次依泥滑無御參　內、齋了、參　內、當番也、宿松木少將（宗信）ニ相博、及晩平
(18オ)遠州」伏見へ被歸、
廿三日、晴、齋了、冷泉中將・山科內藏頭・六條宰相令同心、大樹秀忠公へ御見舞ニ參、次前大樹（徳川家康）爲御見舞伏見へ行、及晩歸宅、兩所なから懸御目畢、入夜全齋へ行、
廿四日、晴、微明小澤瀬兵衞尉許へ行、先御使爲禮也、薫衣香五袋遣之、次太（マヽ）久保相模守許へ見舞ニ行、錫三双遣之、午刻御取置ニ參　內、次大樹へ參、次最上出羽守（義光）へ行、有晩飡、古今古本被見之、歸路九條殿へ參、入夜平遠州來、次烏丸頭辨來談、
廿五日、陰、大樹可有御參　內云々、依雨延引、辰刻より甚雨、齋了、親王御方へ參、孝

政仁親王に孝經讀授

秀忠參內す

秀忠女院に謁す

經奉授、序分今日終畢、入夜平遠州來、
廿六日、陰、今日、大樹秀忠公可有御參　內之由也、仍齋了、着轡唐草夏袍參　內、堂上
(18ウ)衆悉參集、巳刻末大樹參　內、入唐門長橋局へ渡給、經御湯殿參御(行)」御前、進上銀子千枚・
御太刀、廣橋大納言被披露之、親王御方同御座敷御對面、銀子百枚御進上御太刀、勸修寺
中納言被披露、次御盃參、初獻ぼうさう、御酌藤典侍日野輝資卿長女也、則御前御配膳也、大
樹御前四辻少將配膳也、親王御方御前新典侍兼勝卿息女配膳也、二獻、鯛すい物、御酌同藤
典侍、三獻一物、大樹御酌ニテ主上へ參、後天酌大樹令參給、後大樹御酌ニテ女中有御通、
其後昵近衆御通ニ參、烏丸大納言光宣卿・日野大納言輝資卿・廣橋大納言兼勝卿・万里小
路大納言充房卿・山科中納言言經卿・勸修寺中納言光豐卿・藤宰相永孝卿・六條宰相有廣
卿・飛鳥井宰相雅庸卿・左大辨宰相資勝卿・頭辨光廣朝臣・頭左中辨總光朝臣・四條少將
隆昌朝臣・土御門左馬助久脩・飛鳥井少將雅賢・日野侍從光慶・內藏頭言緒・藤侍從永
慶・左少辨孝房・廣橋侍從兼賢・柳原侍從(春宮)大進業光・予・冷泉侍從爲賴等也、土御門昵近
(19オ)之沙汰不聞及、今日御通ニ被出不審云〻、」御通終後、主上入御、次大樹女院へ御成、廊下
つゝき也、御供ニ候衆、廣橋大納言・勸修寺中納言・万里小路大納言・同侍從・予等也、
此間昵近之衆常御所西緣ニ被候、於女院有三獻、大樹御酌ニテ各有御通、後還御、於長橋

秀忠の行列

局有獻之、二獻也、四辻少將配膳也、公卿衆御通有之、後還御、御唐門外立石之邊ニテ車ニ被召、路次行粧事外也云々、先同朋權阿彌乘馬、臺皮籠二荷令荷持、次先打青山常陸介(忠成)・板倉伊賀守(勝重)兩人騎馬、次隨身衆十二人乘馬、次諸大夫百人歩行、次布衣十人、次御車、次騎馬諸大夫十六人、次轅輿十三丁、毛利宰相(秀元)・米澤中納言(景勝)・京極宰相(高次)・福嶋(正則)・嶋津(家久)・最上(義光)・佐竹(義宣)・松(19ウ)平上總介殿(忠輝)・」池田・越後侍從(堀秀治)・加賀侍從(前田利光)・會津侍從(蒲生秀行)等也云々、

第九皇子誕生

今日日出之比女御殿皇子御誕生云々、仍鷲尾・廣橋辨令同心御見舞ニ參、龍山(近衛前久)・一乘院殿(尊勢)御出、有盃酌、

秀忠を訪ふ

及晩大樹へ參、

公家衆門跡等秀忠に將軍宣下を賀す

廿七日、晴、今日諸公家衆・諸門跡大樹へ御禮云々、仍雖當番菊亭侍從殿へ令相博、殿中へ參、予御禮者先日申之、只爲御見舞也、辰下刻出御、勅使廣橋大納言・勸修寺中納言、次八條殿(智仁親王)・伏見殿(邦房親王)・攝家衆御禮、御太刀細川侍從披露也、大樹廣縁迄送給、次諸門跡御禮、御太刀同細川侍從披露、次諸公家御禮、公卿衆也、御太刀酒井兵衞大夫(忠世)・酒井宮內大輔(家次)兩(20オ)人披露也、自參木衆至殿上人各持參、次諸寺」社禮有之、此間、六條・飛鳥井・冷泉・烏丸辨・內藏頭・予・土御門・冷泉侍從等候緣畢、午刻歸蓬蓽、

秀忠伏見城に歸る

今日大樹伏見へ御下向云々、次自大樹御いまへ金子一枚・小袖一重被下、次大久保加賀守(忠常)より太刀・折帋・曝布廿端被贈、予也參番之由令返答、切手遣之畢、

參番

及晩雨降、薄暮參番、勾當局、四辻少將・予也申

秀賢等銀子二枚拜領
金龍丹

口へ可參之由被示、仍則參、銀子二枚拜領、一枚者大樹御進上之御賦也、一枚御取置之旨折分也、四辻同二枚拜領也、承由申之、土岐見松齋より金龍丹給之、

主上家康の銅鑄十萬枚調進を叡感す

廿八日、晴、早朝　主上番所へ出御、暫有御雜談、其次前大樹銅鑄一字板十万字可有調進之由、先日上意之由令披露之處、事外　叡感也、」

秀賢及び國賢伏見に秀忠及び家康を訪ふ

(20ウ)廿九日、晴、家君令御供伏見へ行、大樹へ家君檀帋二束御進上、酒井兵衛大夫披露也、次前大樹へ御見舞、事外御懇也、有御振舞、及晩歸蓬蓽、

國賢と共に香集齋を訪ふ
梅龍軒を訪ふ
廣橋兼勝の腫物を見舞ふ

卅日、晴、家君令御供香集齋へ行、伏見へ被行、留守也、次梅龍軒へ行、及晩廣橋大納言腫物見舞ニ行、次冷泉へ行、次家君へ參、大久保加賀守へ先日之禮ニ書狀遣之、

五月小

鷹司邸孝經讀授

朔、乙亥　曉天より雨降、家君(國賢)へ參、次鷹司殿御方御所へ參、孝經奉授之、次近衛殿へ參、及晩御盃ニ參、次親王(政仁親王)御方へ參、

參番
政仁親王に孝經授讀

(21オ)二日、晴、令急朝食、參番、於御前御雜談共有之、」未刻親王御方へ參、孝經奉授之、日入御前參番、

伏見城内饗應能あり
秀賢參會せず
秀賢等伏見城内の演能を覽る
秀賢等秀忠及び家康を禮訪す
家康秀賢に論語を問ふ
秀賢西笑承兌元佶三要曲直瀨正紹等共に秀忠に對面す
禁中端午の儀に參る
國賢を訪ふ
近衞邸に赴く
照高院及び二條邸を訪ふ
九條邸職原抄講義
良恕法親王を訪ふ

三日、晴、伏見殿中有御猿樂、四座立合云〻、内〻可令見合之由雖令支度、御座敷狹之由風聞、仍不參、後聞、烏丸大納言(光宣)・日野大納言(輝資)・勸修寺中納言(光豐)三人出頭云〻、

四日、晴、今日殿中御猿樂也、仍未明ニ伏見へ行、六條宰相(有廣)・藤宰相(永孝)・日野宰相(資勝)・烏丸頭辨(光廣)・廣橋頭辨(總光)・冷泉中將(爲滿)・四條少將(隆昌)・土御門左馬助(久脩)・山科内藏頭(言緒)・堀川侍從(康滿)・予・冷泉侍從(爲賴)等也、辰刻御猿樂始、今春・勸世兩人立合也、式三番今春・賀茂今・張良觀・熊野金・項羽金・舟辨慶觀・此次自然居士金・天鼓觀・善知鳥今・三井寺觀・葵上金・祝言岩舟今若大夫、舟辨慶過後御簾被下、大樹(德川秀忠)於御前御通有之、其後御振舞有之、戌上刻各退出、日沒後歸蓬華、」

(21ウ)五日、雨降、大樹へ御禮ニ參、六條・花山院(定熙)・大炊御門(經賴)・冷泉中將・山科内藏頭令同心、於本丸大御所(德川家康)へ各御禮申入、退出、愚也令退出、御用有之由仰也、仍候殿中、於御茶湯座敷御雜談共有之、論語之義理共少〻御尋也、返答申上、御機嫌也、御振舞被仰付給之後、西丸當將軍へ參、豐光寺(西笑承兌)・圓光寺(元佶三要)・道三(曲直瀨正紹)令同道則御對面也、有暫退出、次參川殿(德川秀康)へ參、依御病氣無對面、酉刻歸蓬華、着衣冠御盃ニ參、親王御方内へ御成、仍内〻衆爲御迎女御殿へ參、予秉燭前行、伏見歸路之時直ニ家君へ參、昨今之樣子申入畢、次揚明へ參、

六日、晴、大佛照高院(道澄)へ參、爲昨日御禮也、次二條殿へ參、次九條殿へ參、職原抄下卷講(22オ)之、次曼殊院宮(良恕法親王)へ參、及黄昏歸蓬華、内藏頭來談、次九條殿御方」違ニ御成、奉酧一獻畢、

山科言緒及び法身院來談
參番
政仁親王孝經授讀
伏見に赴き諸家を訪ふ
秀忠及び家康に候す
善阿彌に饗せらる
全齋を訪ふ
竹內孝治邸にて新庄直定と逢ふ
孝治を訪ふ
東寺執行初めて來邸す
全齋宅にて松浦鎭信と談ず
參番
孝治を訪ひ青侍召直しの事を談ず

高尾法身院來、
七日、晴、冷泉亭へ朝食ニ行、次家君へ參、巳刻參番、親王御方へ參、孝經奉授之、
八日、陰、壬午 伏見へ行、青山常陸介(忠成)へ行、錫之鍋三遣之、留守之間書狀遣之、次木造左馬助宿所へ行、太刀馬代三百疋遣之、於門外被出逢畢、次松浦法印(鎭信)へ行、帷子貳つ遣之、數刻令雜談、有振舞、次大樹へ御見舞ニ參、懸御目畢、次前大樹へ參、懸御目退出、善阿彌於私宅令休息、善阿彌出逢、有振舞、及黃昏歸蓬蓽、入夜全齋へ行、
九日、晴、午刻甚雨降、竹內極﨟(孝治)行、新庄越前守(直定)ト知音ニ成、晩飡令相伴、入夜歸蓬蓽、
十日、微雨沃、午後晴天、平少納言(時直)令同心竹內へ行、
十一日、晴、予妹聟東寺執行初而被來、於家君雖可有御振舞、座敷窄狹之間、於愚宅有對面、
(22ウ)家君へ「五荷」五種、同東向へ杉原一束・百疋、予ニ二荷三種・百疋、女房衆へ杉原一束、家中へ三百疋、先引渡ニテ一獻、次吸物一獻、畢後出飯之後酒半、家君より執行へ帷子貳つ・銀子三枚・論語註點本被遣之、午刻歸寺、今日相伴衆、全齋夫婦・梅龍夫婦幷宰相(竹田)・新大夫等也、及晚全齋へ行、平戶法印(松浦鎭信)來談云々之故也、入夜參番、雅朝卿代也、
十二日、晴、早朝竹內極﨟許へ行、平少納言・左馬助・予等令同心、竹內青侍(普代 竹村)〇和泉可召直之由令異見、相濟畢、仍新庄越前守許より同名又右衞門被差越畢、今日雖當番顯成(白川)へ令

家中の者同時腹痛

相博、家中男女八九人同時ニ腹痛、不審千萬之次第也、後聞、世間如此腹痛俄はやると云〻、

妹等を饗す

山科及び冷泉と共に伏見に赴く

新庄青山鵜殿等を訪ふ

秀忠の歸府を餞す

十三日、陰、執行女房衆令飯ニ召、仍家君・全齋夫婦・新大夫・調子越前守（武俊）女房衆等來入、巳刻山科少將（言緒）・冷泉中將令（心脱）同伏見へ行、先新庄越前許へ行、有振舞、數刻令打談、新庄越（23オ）前者山科」少將しうと也、次青山常陸介へ行、他出之間不及對面、次鵜殿兵庫頭へ行、薫衣香五袋遣之、出逢祝着之由也、次大樹へ參、明後日御下向云〻、仍爲御暇乞、御對面相待之處、有暫御出、懸御目、頓而退出、及黃昏歸蓬蓽、午刻より甚雨、

梅龍軒全齋等來談

木造左馬助に餞別を贈る

中院山科來談

十四日、甚雨、梅龍軒來談、次全齋來談、晩湌令相伴、次筆結來、四對出來、木造左馬助へ爲餞薫衣香五遣之、女房衆方より錫三つい遣之、中院侍從（通村）來談、次內藏頭來談、

秀忠歸府發途

十五日、雨降、今日大樹秀忠公武州江戶へ御下向云〻、今夜勢多ニ御留云〻、

全齋を訪ふ

中院より行成筆朗詠集を借り臨寫す

勾當局に參り字引す

十六日、雨降、及晩全齋へ行、中院侍從より行成卿眞筆之朗詠借寄令臨寫、早朝依召勾當局へ參、韵會被出給、慧・朗之兩字可引進之由仰也、則引出令進之、及晚全齋へ行、明日早〻可令伺候之由、從勾當局被觸遣、

參內

當座和歌御會

十七日、晴、早朝參　內、巳刻揚明・八條殿御參、御當座可有之支度也、中院入道素然（通勝）・三條宰相中將（公廣）・鷲尾宰相・頭右大辨（烏丸光廣）・左馬頭之仲・四辻少將季繼・平少納言時直・予等也、

伏見に家康を候す

活字版吾妻鏡を示さる

末次政直來邸

全齋宅にて酒宴

政直に論語を講ず

秀賢相國寺法堂造營を見物す

政仁親王御所にて祈禱あり

香集齋より筆干鱈を贈らる

新庄直定の書狀來る

竹內孝治來談

久遠院皓叔始めて來邸す

皓叔に左傳を讀授す

國賢及び寶壽院來邸

(23ウ)題、雨中螢・」寄水雞、當座懷帋ニ被書調、又戀五十首有續歌、又各探題、予也三首詠之、亥刻各退出、御製以下至予懷帋、悉小鷹檀帋被用之、

十八日、晴、巳下刻烏頭蘭・六條宰相・山科內藏頭令同心、伏見前將軍ヘ御見舞ニ參、先有御振舞、其已後於御書院有御雜談、東鑑《アツマカヽミ》新板出來云〻、仍被取出被見下、則處〻讀申畢、晡時歸蓬蓽、

十九日、晴、齋了、長崎平三(平藏、末次政直)始而來、伽羅三兩・唐墨一挺惠之、好庵同心也、薦一盞、晩湌於全齋有之由被示之間、則全齋ヘ行、二兵衞・好庵・平三・予等也、數刻雜談之後、平三所望之間、論吾學而篇令講尺畢、其已後有盃酌、及數盃、日入之比各歸宅、予也全齋令同(24オ)心相國寺」法堂見物、過半出來、柱等奇麗驚目畢、近日又鐘樓出來云〻、豐光寺當代依爲歸依僧、寺院繁昌異他寺者也、

廿日、晴、東寺執行女房衆(秀賢妹)被歸、仍下部兩人遣之、今日於　親王御方有御祈禱、雖有召依腹痛不參、次自香集齋筆五双・干鱈ト被惠之、次新庄越前守より書狀到來、竹內極﨟來談、次高尾性院より休間來、次久遠院皓叔始而來、宗元同心也、文字讀懇望之故也、油煙五挺進之、酧一盞、入夜全齋行、

廿一日、晴、齋了、久遠院皓叔來、左傳序授之、次家君御出、次寶壽院來、晩湌薦之、宗

孝治に屛風及び碁盤返却
中院通村に朗詠集を返す
政仁親王に孝經授讀
當番
近衛家臣と浮田家臣諍ふ
皓叔に左傳讀授
通村に大學讀授
皓叔に左傳讀授
政仁親王孝經讀授
細川忠興を見舞ふ
愛宕山參詣
天竜寺に寄る
中原師生迎へに來るも相遇はず
師生及び孝治等と酒宴
皓叔に左傳讀授
參番
好庵より香薷散を贈らる
女御殿忌明の宴

春横大路へ被行、竹内(孝治)へ屛風隻幷碁盤返遣之、次中院侍從へ朗詠下一巻返進之、入夜全齋來談、次山科内藏頭來談、錯庵ちいさ刀返遣之、夜半後雨降、」

(24ウ)廿二日、雨降、齋了、親王御方へ參、孝經天子章奉授之、爲御賦銀子壹枚拜領之、次當番參内、晩飡於御前賜、入夜楊明(近衛信尹)御青侍・肥前守(浮田秀家)青侍令喧(喧)哤云々、

廿三日、雨降、及晩天晴、久遠院皓叔來、左傳文字讀自隱元五年授之、次中院侍從來談、大學授之、與七郎爲代官、愛宕へ令參詣、

廿四日、晴、齋了、皓叔來、左傳一巻終文字讀、次親王御方へ參、孝經奉授之、未刻吉田へ長岡越中見舞ニ行、暫有雜談、及黄昏歸蓬蓽、

廿五日、晴、拂曉堀川侍從・竹内極﨟令同心、愛宕山へ參詣、歸路天龍寺見物ニ行、次寶壽院へ行、令行水暫令休息、及晩天歸蓬蓽、押小路(中原師生)掃部頭爲燭迎嵯峨邊迄被出云々、予也各寶壽院へ行間、於路次不出逢、仍入夜掃部頭愚宅へ來臨、被携双瓶甘肴、則極﨟相招、夜半前迄及大酒、各事外沈醉、愚入寢、

廿六日、晴、皓叔來、左傳二巻授之、次性院より書狀到來、及晩參番、雅朝卿代也、好庵來、香薷散一包給之、」

(25オ)廿七日、晴、廣(元廣有雅)藏主より朱傘借來、於徳庵借寄遣之、今日女御殿御忌明有御祝義、依召參、

國賢及び母來邸
崇傳西堂に入る
全齋及竹內孝治來邸
空性法親王より贈物あり
飛鳥井より鞠沓到來す
元虔より傘返却
政仁親王に孝經授讀
皓叔に左傳授讀

女御殿被參衆、兼勝卿・宣房卿・基孝卿・光豊卿・雅朝卿・隆尚卿・總光朝臣・之仲朝臣・秀直朝臣・俊昌・基任・時直・教利・宗信・宣衡・予等也、飯後及大酒、各令沈醉午刻退出、早朝家君御出、已雲齋より被預一包返進之、及晩母堂御出、入夜家君へ參、
廿八日、晴、南禪寺牧護庵崇傳西堂入院云〻、雖爲可令見物內存、依暑天不行、未刻全齋入來、打碁、竹內來談、次從大覺寺門主杉原二束・菓子折賜之、敬俊房使也、鞠沓自飛鳥井到來、錦皮也、
廿九日、晴、從南禪虔藏主朱傘返來、則德庵へ返遣、次高尾永純來、次親王御方へ參、孝經奉授之、皓叔來、左傳桓公文字讀授之、

六月大

細川忠興を訪ふ
近衞邸にて沈醉に及ぶ
參番
政仁親王に孝經授讀
夜相國寺に赴き涼をとる
觀音房に杜子詩韻會を返す

朔、甲辰 明 齋了、越中守(細川忠興)見舞ニ吉田へ行、晡時近衞殿へ參、令沈醉、御盃ニ不參、
(25ウ)二日、晴、齋了、參番、桑山法印(重晴)・智恩院長老禮ニ被參、」午刻親王(政仁親王)御方へ參、孝經奉授之、
三日、晴、觀音房(賴玄)來、唐墨一挺進之、入夜納涼ニ相國寺へ行、
四日、晴、觀音房方へ杜子詩廿五册・韻會十册返遣之、次紹元來、霍亂氣間、不及對面、

觀音房に尚書
皓叔に左傳を
授讀
吉田兼英に孝
經授讀
冷泉爲滿の病
を見舞ふ
細川忠興より
贈物あり
家康を訪ふ
山科邸にて爲
滿の病の相談
をなす
參番
終日御前にて
將棊
觀音房に尚書
授讀
兼英來邸
禁中蟲拂の觸

五日、晴、觀音坊來、尙書文字讀堯典授之、次久遠院皓叔來、左傳莊公文字讀授之、次吉田（兼治）左兵衛佐女中・御息男十一歳、小字御こう、（幸鶴丸、兼英）來義、息男文字讀以下被願由也、仍爲祝義給壹つ・帷子壹つ・三荷三種給之、女房衆方へ練一端給之、乳母共帯一筋宛被遣之、隔心之至也、薦盃酌後、左兵衛女中被歸、息男者孝經授之、薦晩飡、日入後息男歸宅、入夜、冷泉中將（爲滿）見舞ニ行、病惱以外也、

六日、晴、羽柴越中守（細川忠興）より單物帷子幷豐前樽貳つ・酒糟漬鮑壹桶被惠之、次午刻より六條（有廣）宰相・山科內藏頭（言緒）令同心、前大樹（徳川家康）爲御見舞伏見へ行、無御對面、及晩歸蓬華、次山科亭へ行、冷泉殿煩ニ付、而醫師何可然哉爲相談也、及夜半歸宅、

七日、晴、參番、終日於御前將碁（棊）相指、次鷹司殿より双樽兩種、御誕生日取之爲祝義、被贈下、」

（26オ）八日、晴、觀音房來、尙書舜典讀書、次吉田左兵衛佐息男御こう來入、

十日より十二日まてよろづの御かさはめ御入候まゝ、いつものことくみな〳〵御しこう候へのよし申との事候、

入道前しゝう中納言殿　わしのおの宰相殿　さまかみ（マヽ）殿　おほき町（正親町）三條少將殿　四辻少將殿　左衛門佐殿　くら人の（右中）辨殿　中御かと少將殿　左少辨殿　右少辨殿　中のゐん侍

爲滿を見舞ふ
九條忠榮及び隨心院門跡の本卦勘進
爲滿を見舞ふ
禁中書籍蟲拂參內
蟲拂に參內
平野長治上洛
國賢來邸
梅印元冲參內

從殿　たかくら侍從殿　白川しゝう殿　ひやう衞の佐殿　しきふのせう殿
御しやうそくの御ふ行しゆう
山しな中納言殿　とう宰相殿　くらのかみ殿　藤しゝう殿
せいりやう殿御ふ行しゆう
(26ウ)
はむろ中納言殿　中御門中納言殿　けん少將殿　」さ衞門佐殿　その少將殿
しゝてんの御ふ行しゆう
へい宰相殿　六條宰相殿　頭辨殿　大ないき殿
右御虫拂御觸也、かしこまりてうけ給りぬと名の下に書付進之、
入夜冷泉へ見舞ニ行、昨日より道三(曲直瀬正紹)藥服用云々、吉田御こう(増孝)一宿、
九日、晴、午刻九條殿へ參、忠榮公御本卦勘進也、次隨心院門跡御本卦勘、委曲令注進之、
入夜冷泉見舞ニ行、少驗云々、
十日、晴、禁中御書籍虫拂也、仍　齋了參　內、入夜退出、次尾州熱田四條道場宣阿彌許」
より書狀到來、政常作小刀一進之、入夜退出、
(27オ)
十一日、晴、齋了、參　內、御虫拂也、入夜退出、平野大炊(長治)入道從大坂上洛被來、次家君(國賢)
御出、南禪寺冲(元冲)長老參　內也、一束綿子三把拜領、予也御使也、

蟲拂に參內當番
揚子法言歷評比辭大藏一覽を元冲に貸下さる
筮勘
吉田兼英密藏院等來邸
平野長治を訪ふ
辻切
家中者祇園會見物
冷泉爲滿を訪ふ
九條邸に赴く
長治來談
政仁親王孝經授讀
佐久間久衞門息女來邸
九條邸にて蹴鞠
嘉定
切麵
平野長泰に眼病見舞の使を遣す
庚申待當番

十二日、晴、齋了、參　內、御虫拂也、當番也、今日御書籍幷御服等悉御取置也、此次揚子法言全本三冊・歷評比辭一冊全申出、幷大藏一覽申出、此本者冲長老借用也、仍內々申入處被借下云々、仍予取次、先預置者也、

十三日、晴、卯刻筮共勘之、次吉田御こう來入、・次密藏院來入、入夜已雲齋(平野長治)宿所へ見舞ニ行、亥刻計正親町通烏丸之西ニヲイテ辻切有之、切殺云々、

十四日、晴、祇園會見物ニ家中郎從悉行、予也一人令留守、入夜松林院へ双瓶遣之、次冷泉へ見舞ニ行、煩氣現驗、暫有雜談云、哥之題、中古者小鷹檀紙一重ニ書之云々、二首・三首之題者奧へナラヘテ書之云々、短冊ニ書之者略義也云々、

十五日、晴、早朝九條殿へ參、次已雲齋來談、朝飡飡之、次親王御方へ參、孝經奉授之、
(27ウ)
次佐久間九(久)衞門息女來入、三荷三種給之、奴僕以下悉薦晚飡、」及晚九條殿へ依召參、有蹴鞠、

十六日、晴、從掃部頭(中原師生)嘉定給之、梅龍軒(竹田)より鮒鰭給之、從女院(新上東門院)御所嘉定酒双瓶給之、家君へ串鮑五串給之、午刻半笑來入、家中嘉定如例、各切麵、次自九條殿嘉定給之、平遠州(平野長泰)眼中煩爲見舞大坂へ人下之、

十七日、晴、齋了、參　內當番也、御庚申待也、被召衆、左馬頭(之仲)・阿野少將(實顯)・右中辨(坊城俊昌)・四(季

觀音坊より瓜を贈らる
秀賢室の母久衛門を訪ふ
兼英來邸
國賢に藻鹽草返却す
觀音坊尙書授讀
九條忠榮に古文眞寶授讀
伏見に家康を見舞ふ
酒井忠永を訪ひ蹴鞠をなす
茶壺到來
寶嚴院より瓜を贈らる
觀音坊に尙書授讀
兼英來邸
長橋局にて見臺を見る
甲子待參內
鬮取
伏見に赴く
細川忠興を訪ふ
家康を訪ふ

繼）辻少將・水無瀬中將（氏成）・左少辨（甘露寺豊長）・予等也、觀音坊瓜廿惠之、
十八日、晴、女房衆母義、伏見佐久間九（久）衛門へ被行、二條殿より靑門百被下之、調子越前（武俊）守御使也、次吉田御こう來入、次九條殿より靑門五十被下之、家君へ藻塩草全本返進之、
十九日、晴、早朝觀音坊來、尙書令授之、尙書疎本借遣之、次九條殿へ參、古文眞寶前集奉授之、次頭蘭（烏丸光廣）・飛鳥井父子・大炊御門（經賴）・花山院大納言（定熈）・水無瀬中將等令同心、「大樹爲御」（マヽ）見舞伏見へ行、先烏丸亞相之亭へ立寄、有盃酌、前大樹從昨日御霍亂氣云〻、仍無御對面、（28オ）歸路飛鳥井從誘引、酒井丹後守（忠永）許へ行、有鞠、頭蘭・予人數一分也、入夜歸蓬華、午刻從宇治茶壺到來云〻、次東寺寶嚴院（空盛）眞桑瓜廿被惠之、
廿日、晴癸亥、觀音坊來、尙書禹貢篇授之、次吉田御こう來入、次長橋局へ參、見臺勅物中出、○爲本令新調支度也、次石寺宗惠來、次東寺より瓜廿惠之、及晩冷泉見舞ニ行、
廿一日、晴甲子、竹內門跡（良恕法親王）より手本ニ被遊給之、午刻依召參　內、今夜甲子待也、仍鷲尾宰（隆尙）相・左馬頭・阿野少將・四辻少將・正親町三條少將（實有）・甘呂寺左少辨・右少辨（中御門宣衡）等伺候、有鬮取、予也紙一束・色紙卅六枚拜領之、各子下刻退出、予也爲雅朝卿番代一宿、
廿二日、晴、雖當番令相博菊亭侍從殿、巳刻六條宰相（有廣）・山科內藏頭（言緒）令同心伏見へ行、愚也羽柴越中（細川忠興）處へ行、暫有雜談、次豐前嶋木綿一端給之、次御城へ行、無御對面、晡時六條・內

(28ウ)藏頭等令同心退出、及」黄昏歸蓬華、平遠州方より書狀到來、
廿三日、晴、久遠院皓叔來、次吉田御こう來入、及晩冷泉亭へ行、入夜九條大納言殿(忠榮)御方違ニ愚宅へ渡御、次隨心院門跡(増孝)御出、自門跡帷子壹つ拜領、數刻及盃酌、子刻還御、
廿四日、晴丁卯、立秋節、早朝九條殿へ參、
廿五日、晴、萱堂御出、次全齋・同女房衆來入、薦晩飡、
廿六日、晴、齋了、中院へ行、次伏見へ行、長岡越中殿(細川忠興)依有之用所終日滯留、及黄昏歸蓬華、次九條殿參、
廿七日、晴、齋了、親王御方へ參、孝經奉授之、觀音房來、次參番、書籍共於內ミ御涼也、仍目六(錄)共予書之、治部卿來、
廿八日、晴、好庵朝食ニ召、次賡(元賡)藏主來、大藏一覽勅本十一册語心院(元冲)へ遣之、次親王御方へ參、孝經奉授之、次山科亭へ振舞ニ行、及黄昏歸蓬華、」
(29オ)廿九日、壬申、觀音坊來、尚書授之、次長岡越中殿より紫硯三面給之、次吉田御息幸鶴丸來入、
卅日、晴、拂曉、密藏院敬俊令同心、高尾へ登山、性院へ紫硯壹つ遣之、密藏院へ水引十把遣之、俊正房へ筆二双・墨二双遣之、槇尾へ行、布薩令聽聞畢、羽越中殿(細川忠興)より鰻百五十本・鰡卅れん・鰒三十本給之、及黄昏歸京、歸路家君へ行、

平野長泰の書狀來る
皓叔等來邸
冷泉邸に赴く
九條忠榮方違として來邸
隨心院門跡來邸
九條邸に赴く
母堂全齋等來邸
中院邸を訪ひ伏見に赴く
細川忠興と終日用談
九條邸に赴く
政仁親王に孝經授讀
觀音坊來邸
參番
好庵及び元賡來邸
大藏一覽を元冲に遣す
政仁親王に孝經授讀
山科邸に赴く
觀音坊に尚書授讀
忠興より硯を贈らる
兼英來邸
高雄に登り性院等に贈物す
忠興より鰻等

を贈らる
國賢邸に赴く

七月小

中原師生及び兼英來邸
忠榮より帷子拝領
竹内孝治に職原抄を観音坊に尚書授讀

朔、甲戌 晴、午刻雨沃、掃部頭(中原師生)來入、次吉田幸鶴丸(兼英)來入、次九條殿(忠榮)より帷子貳つ拝領、次極﨟(竹内孝治)被來、職原抄文字讀授之、次觀音房來、尙書五之卷授之、及黃昏御盃ニ參、

九條邸にて藤原教家の手跡を覽る
承快法親王を訪ふ
宗順兼英來邸
久我敦通より帷子を贈らる

二日、晴、雖當番內藏頭(山科言緒)令相博不參、齋了、九條殿へ參、弘誓院光明峯寺道家公之御弟也云々、御手跡拝見之、建保四年八月十三日中殿御會之記也、驚目畢、次梶井宮(承快法親王)へ參、有御對面、暫有御雜談、次宗順來、扇子進之、次吉田幸鶴丸來入、次久我殿(敦通)より帷子壹つ贈給之、

大坂へ赴く
存庵宅に泊す

三日、晴、辰刻雨沃、早朝より大坂へ下、伏見より乘船、申刻大坂着岸、存庵許へ行、一宿、

大坂城に赴く
秀頼に十七條憲法を講ず
平野長泰を訪ひ長治邸に泊す

(29ウ)
四日、晴、早朝片市正(且元)方へ書狀遣之、頓而可令登城之由返事也、」仍存庵令同心巳刻登城、先市正許へ行、薰衣香五遣之、次秀頼公(豊臣)へ參、薰衣香十・憲法點本進之、御袋樣小鷹檀紙五束進之、憲法講談可有御聽聞之由秀頼公仰也、仍談之、有御振舞、晡時退出、及晚平遠(長泰)州へ行、入夜已雲(長治)へ行、一宿、

秀頼に徳失鏡を講ず

五日、晴、朝食ニ今中彌三郎宿所へ行、次登城、□□大炊より錫鉢五つ給之、於秀頼公御前德失鏡談之、晚飡ニ淺野右(長晟)

淺野長晟に貞觀政要を講ず
存庵宅に泊す
秀頼に呉子を講ず
歸洛

兵衞殿へ行、入風呂、貞觀政要一二枚談之、淺右兵衞へ錫鉢三進之、存庵宿一宿、長印處へ行、

六日、晴、朝食於已雲齋有之、齋了、登城、於秀頼御前呉子二三枚講之、令退出之處、生衣一つ・帷子二つ令拜領、存庵處ニテ令休息、平遠州馬令借用上洛、入夜横大路ニ一宿、

吉田兼英皓叔花山院忠長來邸

七日、晴、辰刻横大路より歸蓬蓽、吉田幸鶴丸來入、乾撰五袋給之、次久遠院皓叔來、關(30オ)東紙一束」進之、次花山院少將(忠長)來義、双樽兩種給之、

兼英來邸
中院通村古筆朗詠集を持參す
行成筆跡を見る

八日、晴、巳刻雨沃、吉田幸鶴丸來入、次中院侍從(通村)來入、朗詠古筆被見之、誰人筆共不知之、入夜中院侍從又來談、行成卿眞筆之一軸隨身、令一覽之處多分正筆也、子刻雨降、

伏見城内にて能樂あり

九日、早朝花山院使者送之云、今日伏見前大樹殿(徳川家康)中有御猿樂、令見物者可有同心云々、又山科内藏頭よりも同前申來、然共愚也少霍亂氣之間不令同心、未刻甚雨、從七夕致今日三日間殿中御猿樂有之云々、

中原邸に赴き關白宣下下行方を議す
生見玉として國賢等を饗す
家中出入の者集まる

十日、晴、巳刻押小路掃部頭亭へ行、關白宣下下行方令相談、次近衞殿へ參、近年關白宣下(30ウ)下行方令目(錄)六進之、午刻退出、次今日生見玉、」家君(國賢)・萱堂御出、仍竹田梅龍夫婦・全齋・同女房衆・新大夫・東寺執行室(秀賢妹)等來入、常ニ出入之者共悉來、申刻大雨降、亥刻晴、

令泉爲滿より鯖を贈らる

十一日、陰、冷泉中將(爲滿)より鯖魚廿指被惠之、

秀賢室寶壽院祖廟に詣す
當番

十二日、陰晴、女房衆嵯峨寶壽院御廟へ參、予依當番不參、從竹内御門跡(良恕法親王)一折壹荷給之、

地震
兼英來邸
禁中に灯籠進上
全齋來談
參番
今日兩親ある者の勤番中古よりの例なり
參內
盂蘭盆會灯籠見物
兼英來邸
參番
兼英來邸
廣橋壬生近衛邸等を訪ふ
鷹司信尚に孝經授讀
御靈社祭見物
國賢を訪ふ
參番
勸修寺光豐に男子誕生を祝す
中原師生來邸
竹內孝治に職原抄授讀
政仁親王に孝經授讀

次叡山自然坊弟子來、五明五本進之、次雲齋(穴澤カ)方へ折遣之、午刻地震、
十三日、陰晴、幸鶴丸來入、鯖廿指給之、次灯籠禁中へ令進上、全齋來談、薦晚湌、及晚雨沃、
十四日、晴、齋了、參番、雖非當番、今日者兩親有之者各勤番、中古以來例也、御灯籠共於清涼殿北西南之緣被見之、携双瓶三種相番衆へ酧、」
(31オ)
十五日、晴、齋了、參 內、今日御灯籠被見之、事外群集也、入夜御盃參、三獻、天酌如例、夜半過退出、
十六日、晴、吉田幸鶴丸來入、薄暮全齋へ行、
十七日、晴、參番、寶壽院見舞ニ宗春遣之、
十八日、晴、吉田幸鶴丸來入、次廣橋大納言(兼勝)へ行、次官務(壬生孝亮)へ行、次揚明(近衛信尹)へ參、次鷹司中將(信尚)殿へ參、孝經奉授之、及晚御靈社祭禮、幸鶴丸令同心、見物ニ行、次家君へ參、入夜爲基孝卿代參番、
十九日、晴、今朝辰刻勸修寺中納言(光豐)息男誕生云〻、仍爲祝義太刀一腰令持參、沈醉之故不及對面、次掃部頭來入、次極﨟(竹內孝治)來入、職原抄授之、次盛方院(吉田淨慶)來談、次親王(政仁親王)御方へ參、孝經奉授之、急風急雨沃、入夜大雨、」

中原廣橋近衛五條等を訪ふ
政仁親王に孝經授讀
中院邸に赴く
中原平田等來邸
竹內孝治に職原抄授讀
家康二條城に入る
二條城に赴く
近衛邸を訪ふ
二條城に赴く
政仁親王に孝經授讀
近衛信尹關白宣下

(31ウ)
廿日、雨、午天晴、大外記亭(中原師生)へ行、次廣橋亞相亭へ行、次揚明へ參、次五條へ行、次親王御方へ參、孝經奉授之、及黃昏中院亭へ行、數刻打談、

廿一日、晴、大外記來入、出納(平田職清)將監來、團扇壹つ進之、次竹內極﨟來入、職原抄授之、次平(平野長泰)遠州使者通、今朝前將軍(德川家康)御上洛、仍及晚二條城へ行、數刻御雜談有之、及黃昏歸蓬蓽、申刻雨沃、

廿二日、晴、雖當番令相替、近衛殿へ參、及晚二條城へ行、御雜談共有之、

廿三日、晴、午刻後親王御方へ參、孝經奉授之、近衛殿(信尹)關白御拜任、仍有宣下、上卿　花山院大納言定煕卿、奉行　頭右大辨(烏丸)光廣朝臣、職事　右中辨(坊城)俊昌云々、申刻陳儀有之、入
(32オ)
夜大外記・官務等宣旨持參、少內記詔勅持參、予也未刻より着烏帽子・狩衣揚明亭ニ參候、諸事令申沙汰畢、宣旨・詔勅書等持參、其儀、先上段二間半被懸直翠簾、南面奥方ニ御座二疊構之、先大外記經筥子關白宣旨令持參之處、滋野井侍從冬隆出逢、覽筥請取、簾中へ押入、宣旨局於簾中被請取、關白御前ニ被置之後、空筥自簾下被押出、滋野井取之、大外記ニ被返渡、次詔書少內記持參、如先冬隆被請取、簾下へ被押入、被返空筥、次々皆如此、已上八通也、今度一座宣無之、事終後參候之衆御對面、廣橋大納言・花山院大納言・葉室中納言(賴宣)・勸修寺中納言・頭辨・頭左中辨(廣橋總光)・富小路(秀直)左衛門佐・右中辨俊昌・平少納(時直)

言・滋野井・予・極﨟等也、各太刀進之、公卿之分四人者滋野井披露也、頭辨已下持參、」
吸物有之、次各給御盃之後、各退出、

下行

(32ウ)
同宣下之下行方、

少外記二百疋　少史二百疋　少內記二百疋

陣官人二百疋　出納百疋　陣疊三十疋

幔三十疋　軾三十疋　使部催三十疋

錄物

同錄物方

大外記　太刀一腰　馬一疋代三百疋　副使百疋

大內記　同　副使百疋

官務　同　副使百疋

內侍所　太刀一腰　馬一疋代三百疋

政仁親王に孝經授讀

關白邸及び二條城に赴く

元冲を見舞ふ

廿四日、晴、親王御方へ參、孝經奉授之、次關白殿(近衛信尹)へ參、勅詔等令就進之、次二條御城へ行、早朝南禪寺語心院(悟、下同ジ)冲長老煩見舞ニ行、十死一生之躰也、入夜中院へ行、

元冲寂す

銅鑄一字印を叡覽に供す

廿五日、齋了、南禪寺へ行、夜前冲長老寂滅云々、仍爲吊企恨歌畢、次圓光寺(三要元佶)より銅鑄一(33オ)字印可備叡覽之由被示、仍着衣冠參　內、件字共備」叡覽處、如件字可然之由、其旨前將

家康銅鑄十萬を禁裏に進上せんとす
政仁親王に孝經授讀
九條邸に赴く
二條城に赴き家康と談ず
家康の意により板倉勝重と共にぬえ石を尋ぬ
悟心院に香奠を遣す
二條邸に赴く
三要と銅一字印を議す
參番
長橋局に銅一字印獻上を申入る
政仁親王に孝經授讀
吉田兼英來邸
二條城全齋近衞山科を歷訪す
參番

軍へ可申入云々、件字十万被鑄立可有進上之由、前將軍內々仰也、圓光寺・予也令相談樣子可相究由、是又仰也、晩親王御方へ參、孝經奉授之、次九條殿へ參、入夜內藏頭來談、
廿六日、雨降、午刻家君へ參、次二條御城へ參、於奧座敷有御雜談、次二條下押小路之上新町可取立云々、其通ぬえ石有之由被聞召、板倉伊賀(勝重)令同心、予也可見參之由上意也、仍先板倉亭へ行、晡時令同心見ニ行處、古町人共召出、相尋之處、其子細不慥、
廿七日、晴、南禪寺語心院香典百疋遣之、次女院御局へ參、次二條殿(昭實)へ參、御對面、數刻有御雜談、次圓光寺行、銅一字印之事令相談畢、入夜參番、女院へ御列殿也、」
(33ウ)廿八日、晴、長橋御局へ參、高麗銅一字印返進上之、自將軍(マヽ)銅一字印令新調可被進之由申上畢、次親王御方へ參、孝經奉授之、次吉田幸鶴丸來入、次將軍(マヽ)へ參、次自二條殿乾飯十袋拜領、次全齋へ行、次近衞殿へ參、次山科亭へ行、入夜雨降、
廿九日、雨降、爲鷲尾代參番、及晩親王御方へ參、

八月大

八朔禁中及び親王に太刀進上

朔、癸卯　早朝豐光寺(西笑承兌)へ行、錫鉢二つ遣之、次禁中へ嘉例太刀令進上、次親王(政仁親王)御方へ太刀令進

家康を禮訪す
諸家を禮訪す
禁中及び親王に參候す
觀音坊來邸
中原師生より贈物
兼英來邸
橫大路村庄屋より進物
女院御所に嘉例の杉原進上
冷泉より贈物
兼英來邸
家康及び板倉勝重を訪ふ
參番
鎌留
政仁親王に孝經授讀
五辻等來談
二條城に赴く
國賢を訪ふ
中院廣橋九條山科を訪ふ
二條城に赴く
近衞信尹に新古今集序等に附點し進上す
全齋を訪ふ
坊城邸に赴く

上、次山科(言緒)・四條(隆昌)・六條・○富小路(秀直)・冷泉侍從(爲賴)令同心、大樹(マヽ)(徳川家康)へ御禮ニ參、各太刀令持參、歸路板倉伊賀守(勝重)へ行、留守之間申置、歸宅、次關白殿(近衞信尹)へ參、太刀令進上、次廣橋亞相(兼勝)行、次竹內門跡(良恕法親王)へ參、次大聖寺殿(惠仙尼)へ參、次二條殿(昭實)へ參、次勸修寺(光豐)へ行、次梶井殿(承快法親王)へ參、次令衣冠親王(34オ)御方へ參、次女御殿へ參、次女院へ參、次御盃ニ參、」大樹へ參留守ニ觀音坊來、乾飯五袋惠之、女房衆へ扇二本進之、次掃部頭(中原師生)より双瓶・食籠惠之、吉田幸鶴丸(兼英)來入、小錫二双惠之、女房衆へ帶一筋惠之、橫大路庄屋長介双瓶・餅等進之、女院御所へ爲嘉例杉原一束令進上、則爲御返一束ニ碁笥給之、次冷泉殿より双樽二種惠之、次大工源左衞禮(マヽ)ニ來、

二日、晴、吉田幸鶴丸來入、午刻二條御城へ參、及晚板倉伊賀守へ行、爲八朔禮鵝眼五十疋遣之、入夜參番、早朝鷄冠井村へ鎌留ニ使者遣之、

三日、晴、齋了、親王御方へ參、孝經奉授之、次五辻・庭田等來談、次白川侍從(顯成)・中院侍從(通村)等來談、次二條御城へ行、次土左(土御門左馬助)來入、入夜家君(國賢)へ參、

四日、晴、中院へ行、次廣橋大納言(兼勝)亭へ行、次二條御城へ參、拙也屋敷可立替之由申上畢、次九條殿へ參、次山科內藏頭(言緒)へ行、次近衞禪閤(信尹)へ參、新古今眞名序其外眞名序共令書寫、令點進之、兼日御所望之故也、御留守也、主水佑申置歸、次全齋へ行、」

(34ウ)五日、晴、坊城中納言(東坊城盛長)亭へ行、那須大膳大夫より書狀到來、晚飡可來云〻、則令同心向彼

那須大良の招きを受く
二條城に赴く

宿所、次御城へ參、無御對面、

全齋及び山科言緒を訪ふ
政仁親王に孝經授讀
家康相國寺豐光院に赴く
家康歸路に仙洞御所公家屋敷豫定の町屋を視察す

六日、晴、早朝全齋へ行、次內藏頭許へ行、次親王御方へ參、孝經奉授之、次相國寺豐光院へ前大樹御成、仍御相伴ニ行、御相伴之衆、日野大納言(輝資)・廣橋大納言(兼勝)・山科中納言(言經)・坊城中納言・勸修寺中納言・予等也、朝御相伴日野大納言計也云〻、(マヽ)大樹御歸之次、院御屋敷幷公家衆屋敷ニ可成町屋共被御覽、予也廣橋大納言・日野大納言・勸修寺中納言令案內者也、及晩雨沃、

坊城邸に赴く
政仁親王に孝經授讀
參番

七日、早朝少程雨沃、(✕城)坊城亭へ朝食ニ行、次參番、次親王御方へ參、孝經奉授之、全部相終者也、入夜參番、

家康の御壺の口切に招かる
言緒を訪ふ

(✕九)八日、雨沃、前大樹へ參、御壺之口切有之、御茶給之、入夜山科內藏頭亭へ行、夜半後歸蓬華、」

觀音坊に尚書授讀
板倉勝重に聖德太子憲法を遣す
全齋を訪ふ

(35オ)
(✕十)九日、雨沃、觀音房(賴玄)來、尚書授之、次坊城亭へ行、

十日、晴、早朝板倉伊賀守許へ行、太子憲法遣之、次板倉伊賀爰元屋敷見ニ來之間、出蓬、令隨逐終日、入夜全齋へ行、晩天風吹、

九條邸及び家康を訪ふ
參番
政仁親王石山寺及び三井寺に詣す

十一日、晴、九條殿へ參、次前大樹へ參、御對面、有御雜談、歸路梅龍軒(竹田)へ行、入夜參番、御前被召、色〻御雜談共有之、今日親王御方江州石山觀音御參詣、於三井寺聖護院宮(興意法親王)被進

參番
良恕法親王に參候す
鷄冠井村の免は七成とす
二條城に赴く
良恕法親王及び冷泉を訪ふ
吉田兼英來邸
觀音坊に尙書授讀
周防神光寺住持來邸
兼英來邸
家康を訪ふ
觀音坊に尙書授讀
家康と對談し詩を賦す
攝家衆二條城に候す
曆に月蝕とあれど蝕せず
家康曆の記載を疑ふ
賀茂在信に問ふべし

一獻云々、御供奉之衆、廣橋大納言・勸修寺中納言・左馬頭(之仲)・左衞門佐(秀直)・四辻少將(季繼)・阿野少將(實顯)・猪隈少將(教利)・平少納言(時直)・右少辨(中御門宣衡)・祭主(藤波種忠)・高倉侍從(嗣良)、以上十一人也、路次、肩衣・袴・騎馬云々、殿下御供奉也、

十二日、晴、早々參番、次曼殊院宮(良恕法親王)より有御談合子細可參之由、御書被下之間、則令伺候、次全齋へ行、次梶井宮(承快法親王)へ參、次坊城亭へ行、鷄冠井村免扎之事七成ニ相定畢、

十三日、晴、午過二條御城へ行、無御對面、次竹內門主(良恕法親王)へ參、次冷泉亭へ行、吉田幸鶴丸來入、

十四日、晴、觀音坊來、尙書授之、次周防山口神光寺來入、香爐一・葛袋二給之、次吉田幸鶴丸來入、午過二條御城へ行、前大樹御對面、歸路六條宰相亭へ行、累刻打談、」(35ウ)

十五日、陰、觀音坊來、尙書授之、午後二條之御城參、御對面也、數刻有御雜談、及晚雨降、中秋不看月、仍賦一絕、暮擔期月欲開筵 雨傍西風雲靄連 絕恨無(今莫趙)知微異術 向空只暗約明年 又、仲秋逢雨豈遊賞 双月招來酬又獻 終夜期晴不須眠 勸盃更唱孀娥怨 攝家衆二條御城へ御見舞也、(一條殿・二條殿・九條大納言殿・鷹司大納言殿也、)次妙法院宮(常胤法親王)・三寶院門跡(義演)御見舞也、今夜月蝕云々、曆所注、辰時刻虧初午加持未復末申云々、月有他方時也、以何故註之乎、(マヽ)大樹尤御不審也、滿座尤之由申畢、誠以蝕一分も不可見、注之事不勘之至也、重而賀茂在信ニ可

觀音坊飛鳥井雅賢等來邸二條城に赴く全齋を訪ふ

二條城に赴く參番那須大良より進物

二條城に赴く參內庚申待

參番

二條城に赴く

仁和寺宮家康を訪ひ著座第一の執奏を謝す

板倉勝重を訪ひ屋敷の事を相談す

梶井宮に赴く政仁親王に參候す

女御より孝經授讀完了の慰勞あり

尋之、」

（36オ）十六日、陰、午後晴、觀音坊來、次飛鳥井少將(雅賢)來入、次二條御城へ參、御對面也、次全齋へ行、

十七日、晴、雖當番令相博不參、愚宅懸之樣飛鳥井依所望遣之、次二條御城へ參、御對面、數刻有御雜談、入夜參番、那須大良殿より綿百目給之、

十八日、晴、午刻內藏頭令同心二條御城へ參、無御對面、及黃昏參內、庚申待也、仍被召畢、鷲尾宰相(隆尚)・左馬頭之仲朝臣・四辻少將季繼朝臣・右中辨俊昌・予等也、爲實條卿代則參番、

十九日、陰、午後頭(烏丸光廣)・六條宰相・內藏頭・德大寺殿(實久)等令同心二條之御城へ行、御對面也、仁和寺宮(覺深法親王)前大樹へ御見舞也、今度大樹有御執奏子細、其子細者、於仁和寺宮者▨異他門跡由、自元承居者也、然者不依位次諸門跡之第一ニ可有御着座之由、被申定者也、仍爲其禮今日御成也、御太刀・折帋・」（36ウ）小袖一重進物也、次仙洞御屋敷事傳奏被申出、大方相濟畢、次予板倉伊州(勝重)へ行、愚屋敷之事令相談畢、入夜全齋へ行、次鮎庵へ行、

廿日、小雨沃、梶井宮(政仁親王)へ參、次御方ノ御所へ參、孝經可有御復云々、次女御殿より孝經全本奉授御祝着被思召由、御やゝ御局より御文幷十帖・一卷純子被下之、尤忝次第也、卽女

女御殿に伺候す
二條城に赴く
久我通前秀賢の養子分となる
山科言緒を訪ふ
政仁親王に大學を授讀
八條宮鷹司九條家の屋敷代地交付さる
二條城に赴く
吉田兼英來邸
勝重を訪ふ
家康伏見城に歸る
參內
甲子待
北野社に詣す
西洞院邸和歌會
冷泉邸に赴く
勝重を訪ふ

御殿へ御禮ニ參、御やゝの御局へ御禮申入、罷歸畢、次冷泉(爲滿)中將殿・六條殿・內藏頭令同心二條御城へ參、無御對面、及黃昏歸宅、次久我殿(通前)御息今年十六歲次男　拙也子分之御契約可有之云〻、仍御來義、二荷三種給之、彼御子息御兩所なから父卿ト相姓惡故也、次內藏頭許へ行、夜半後歸蓬蓽、」

(37オ)

廿一日、陰雨沃、齋了、親王御方へ參、大學奉授之、今日初度也、次板倉爰元屋敷被渡之由從冷泉被告知之間、則板倉ニ出逢畢、先八條殿御屋敷被打渡、次鷹司殿・九條殿御屋敷被渡之、及晚二條御城へ參、御對面也、及黃昏歸蓬蓽、今朝幸鶴丸來入、則宿、後聞、今日母方叔母死去云〻、

廿二日、雨陰、早朝板倉へ行、今朝前大樹伏見御城へ還後、巳刻參　內、當番也、甲子待有之、被召衆、左馬頭・鷲尾宰相・四辻少將・左衛門佐・右中辨・予等也、

廿三日、早朝令行水聖廟へ參、次全齋へ行、次西洞院少納言許へ和歌會ニ行、中院(通勝)入道・花山院(定熙)大納言・中御門(資胤)中納言・白川(雅朝)二位・鷲尾宰相・頭右大辨(烏丸光廣)・正親町(季康)少將・予等也、亭主父子、以上十人也、各三首宛詠之、入夜歸蓬蓽、

廿四日、晴、冷泉亭へ行、次子共吉田祭禮見物ニ行、及晚板倉へ行、數刻令雜談、入夜歸蓬蓽、

冷泉邸に赴く

廿五日、晴、冷泉亭へ行、

観音坊に尙書授讀終了
南禪寺諸塔頭を訪ふ
六條邸を訪ふ

(37ウ)廿六日、雨降、觀音坊來、尙書讀書終、次南禪寺語心院(悟)へ行、聽松三長老へ行、小錫二對」遣之、次牧護庵傳長老へ行、檀帋一束遣之、愚也弟庵主(元庚有雅)侍者事賴入由令相談畢、歸路六條殿へ行、冷泉・山科等令雜談畢、

吉田兼英來邸
中原師生來談
全齋を訪ふ

廿七日、雨沃、巳刻晴天、吉田幸鶴丸來入、次掃部頭來談、明日二宮(信尋)爲近衞殿御猶子御首服云々、及晚風呂へ入、次全齋へ行、

伏見に赴く
屋敷造作料を幕府より給せらる
家康に對面す
二宮近衞信尹の嗣となり元服す

廿八日、晴、齋了、伏見へ行、先豐光寺へ行、次板倉へ行、愚也屋敷相濟之由被相談、次前大樹より爲合力米百石可被下之由仰也、近日可相渡之由是又板倉相談也、次御城へ行、御對面也、今日申刻殿下御猶子當今之二宮御首服云々、廿九日加冠　殿下(信尹)、理髮　頭左中辨總光朝臣、着座　廣橋大納言・万里小路大納言(充房)・勸修寺中納言云々、愚也爲輕服不參、

臺所客殿の圖を作らしむ
兼英來邸
智藏坊より毛詩印本代を受け左傳を貸す
中原等來邸

廿九日、晴、大工源左衞門召寄、臺所・客殿等指圖令作之、次吉田幸鶴丸來入、次比叡山(38オ)智藏坊」來入、毛詩印本六部之分惠之、次左傳之本共借與之、入夜大外記(竹内孝治)・極﨟・中院侍從・白川侍從等來談、

冷泉山科等來談
吉田兼見の使來邸
伏見に赴く

卅日、晴、齋了、冷泉・山科內藏頭等來談、次吉田二位(兼見)より圓空使ニ來、午刻內藏頭令同心伏見へ行、入夜梅龍軒へ行、

九月小

近衛邸に信尋の元服を賀す

信尋御禮參內

朔、癸酉 晴、齋了、近衛殿御方御所(信尋)へ御元服之祝義申ニ參、太刀進上之、今日早ゝ以頭右大辨(烏丸光廣)除服之事申入處、則被成御心得之由被仰出云ゝ、近衛殿御方御所より爲御使二條殿(昭實)へ參、次參 內、今日近衛殿御方御所御禮ニ御參內也、仍廣橋大納言(兼勝)・勸修寺中納言(光豐)・鷲尾(隆尙)・五辻左馬頭(之仲)・阿野少將(實顯)・四辻少將(季繼)・左衛門佐(富小路秀直)・右中辨(坊城俊昌)等被參、午刻關白殿(信尹)被召輴輿、同御方御所同輿ニ被召、自唐門入內、長橋局車寄より御昇殿、於常御所御對面、有御一獻、次女院へ御參、次於女御殿各有御振舞、次親王(政仁親王)御方へ御參、入夜御盃ニ參、」(38ウ)

參番

園城寺の理覺院及び日光院に天台宗義の勅問あり

二日、晴、齋了、參番、主上番所へ出御、來十六日千首之御當座可有之由仰也、午刻圓城(園)寺之僧正理覺院・日光院兩人被召、十如是十界等之義有勅問、於黑戸御對面也、予令申次畢、

宗惠來談

秀賢等伏見に家康を訪ふ

三日、晴、石寺宗惠來談、次冷泉中將(爲滿)・山科內藏頭(言緖)等令同心、伏見前大樹(德川家康)へ參、御對面也、予屋敷百石拜領之御禮等申入畢、於御前御茶共給之、

政仁親王に大學授讀

女院御所にて振舞あり

四日、晴、親王御方へ參、大學奉授了、次女院御所へ參、有御振舞、被召衆、廣橋父子(兼勝・總光)・万里小路父子(充房・孝房)・勸修寺中納言・中院入道(通勝)・鷲尾宰相・藤宰相(永孝)・五辻左馬頭・四辻少將・猪熊少(教利)

全齋を訪ふ
坊城邸に赴く
良恕法親王に朗詠集を講ず
全齋來談
中原邸冷泉邸に赴く
近衛家の振舞
勸修寺光豊を訪ひ那須大良口宣を議す
伏見に家康を訪ふ
淺野幸長及び板倉勝重を訪ふ
那須大良に口宣を遣す
細川幽齋を訪ふ
池坊等來邸
重陽
秀賢等家康に賀す

將・左衞門佐・小川坊城（俊昌）・平少納言（時直）・阿野少將・白川侍從（顯成）・正親町三條（實有）・甘露寺（豐長）・高倉侍（嗣良）從・松木少將（宗信）・予等也、入夜退出、次全齋へ行、

五日、晴、早朝小川坊城へ行、次依召勾當局へ參、入夜曼殊院宮（良恕法親王）へ參、朗詠講尺之、

六日、晴、早朝全齋來談、掃部頭（中原師生）へ朝食ニ行、次冷泉へ行、次近衞殿へ參、二宮御首服爲祝義公家衆へ振舞也、廣橋父子・持明院父子（基孝・基久）・東坊城（盛長）・勸修寺中納言・中御門中納言（資胤）・鷲尾・」（39オ）五條（爲經）・左馬頭・四辻少將・右中辨・飛鳥井少將（雅賢）・猪熊少將・松木少將・內藏頭・藤侍從（永慶）・難波侍從（宗勝）・予・冷泉侍從（爲賴）・祭主（藤波種忠）等也、

七日、晴、齋了、勸修寺中納言へ行、那須大良被任修理權大夫口宣之事令相談之處、則右中辨可書調由被申遣、則時口宣到來、次冷泉中將・山科內藏頭・四條（隆昌）等令同心、伏見前大樹へ御見舞ニ行、則御對面也、次大炊大納言殿（經賴）令同心淺野紀州（幸長）へ行、留守之間申置畢、次板倉伊州へ行、留守之間是又申置畢、入夜歸蓬蓽、

八日、晴、早朝那須大良へ行、修理權大夫口宣遣之、有振舞、次幽齋へ行、他出云々、晡時嵯峨池坊・地藏院敬俊等來、及晚那須大良より杉原二束被贈之、修理權大夫之口宣令馳走爲一禮也、入夜風呂へ入、雨沃、

九日、陰、齋了、花山院大納言（定煕）・大炊御門大納言（經賴）・六條宰相（有廣）・頭辨・大炊御門三位中將（賴國）・

勝重を禮訪す

(39ウ)松木少將・竹内極﨟(孝治)・難波(宗勝)・飛鳥井少將等令同心、伏見前大樹へ御禮ニ參、各御對」面也、

女御及び諸家を禮訪す

次板倉伊州へ禮ニ行、留守也、及晩歸蓬蓽、次六條殿令同心關白殿へ御禮ニ參、次家君(國賢)へ御禮ニ參、次御盃ニ參、次女御殿へ御禮參、次女院へ御禮ニ參、次親王御方へ御禮ニ參、次近衞政所殿へ御禮ニ參、

全齋來談
山科邸全齋宅を訪ふ

十日、晴、全齋來談、今日前大樹御禮被申云々、入夜山科亭へ行、次全齋へ行、

秀賢等伏見に赴き家康の東歸を餞す

十一日、晴、齋了、伏見へ行、前大樹近日御下國也、仍爲御暇乞冷泉・山科等令同心、有御對面、

參番

十二日、晴、參番、及晩御方御所へ參、

冷泉邸中院邸に赴く

十三日、晴、冷泉亭へ行、次中院へ行、

十四日、晴、

家康歸府發途

十五日、晴、前大樹御下向云々、

千首當座和歌御會
和歌奉行

十六日、晴、千首和歌御會有之、去九日勸修寺中納言爲和歌奉行被觸催、當日各鷄鳴ニ參(40オ)內、其儀於御黑戶被搆座、短册勅題也、硯蓋六ツニ被盛分」四季・戀・雜、爲令無甲乙也、兼燭各出來也、先四季・戀・雜之題一首宛、以上六首探之、則令清書、又如初探之、依歌數多少、每ミ如此、

御製五十五首、宮御方三首、八條宮（智仁親王）四十首、關白五十二首、聖護院宮（興意法親王）卅八首、梶井宮（承快法親王）廿一首、曼殊院宮（良恕法親王）卅六、一乘院（尊勢）准后卅八、西園寺大納言實益卿廿九、廣橋大納言兼勝卿廿九、花山院大納言定熈卿廿九、中院入道（通勝）前侍從中納言素然五十二、伯二位雅朝廿六、藤宰相永孝廿六、西洞院宰相時慶卿廿五、六條宰相有廣卿廿三、三條宰相中將實條卿卅七、鷲尾宰相隆尙廿三、飛鳥井宰相雅庸四十七、勸修寺中納言光豐卿廿六、烏丸頭辨光廣朝臣卅、廣橋頭左中辨總光朝臣廿一、五辻左馬頭之仲朝臣廿、冷泉中將爲滿朝臣四十七、冷泉少將爲親朝臣廿三、阿野少將實顯朝臣廿、四辻少將季繼朝臣十九、富小路左衞門佐秀直朝臣廿、園少將基任十六、飛鳥井少將雅賢廿五、西洞院少納言時直十六、猪隈少將教利十六、山科少將言緒十六、中院侍從通村十六、難波侍從宗勝十六、予十六、」（40ウ）以上三十六人也、爲竟宴有和歌、懷帋、菊有傲霜枝、勅題也、各卽座調懷帋畢、亥刻各退出、

參番
昨日の歌穿鑿

十七日、陰、參番、昨日歌共有御穿鑿、予歌少〻直之、西園寺・花山院歌共傍題、落題、爲一首無奇云〻、各及談笑畢、

冷泉及び山科邸を訪ふ
政仁親王に大學授讀
竹田梅龍軒に祝儀を贈る

十八日、晴、齋了、冷泉亭へ行、次山科少將へ行、次宮御方へ御讀書ニ參、大學奉授畢、次梅龍軒（竹田）へ三荷三種遣之、梅龍嫡孫宰相被迎女房爲祝義也、

政仁親王に參候す
葛細道文臺
政仁親王に參候す
九條邸板倉邸に赴く
女院御所にて猿樂興行
當番
吉田兼英來談
勾當局に赴く
三要元佶新版周易注本を叡覽に供せんとす
板倉邸に赴く
新屋敷の面積
周易註本叡覽
五辻之仲來談
國賢板倉邸に赴く
北野社參詣
鞍馬寺參詣

十九日、晴、齋了、親王御方へ參、次長橋御局へ參、葛細道之文臺申出令取出、
廿日、晴、九條殿へ參、次文臺令返上、次親王御方へ參、次大炊御門大納言殿令同道板倉(勝重)へ行、他出也、
廿一日、晴、女院御猿樂也、內ヽ御觸也、仍早朝院ニ參、今日被召衆內ヽ多分不殘歟、外(41オ)樣、西洞院父子・中御門父子・飛鳥井少將・烏丸辨迄也、」入夜退出、大夫ハ春一・本誓(マヽ)寺少進兩人也、
廿二日、晴、於女院御所後朝有御猿樂、仍早ヽ院ニ參、次當番之間參　內、
廿三日、晴、吉田幸鶴丸(兼英)來談、次依召勾當御局へ參、入夜圓光寺(元佶三要)來談、新板周易注本給之、因周易本可備叡覽之由被申之間、則可令披露之由令約諾、
廿四日、晴、早朝大炊御門殿・四條殿令同心板倉伊州(勝重)へ行、今日愚也屋敷可渡云ヽ、則令歸宅相待處、有暫伊劢被來、面廿五間奥へ廿三間半被渡之、則令椽打畢、次勾當御局へ參、圓光寺進上周易令披露、御祝着之由也、次來廿七日可有和漢御會、可致執筆伺候也、入夜五辻左馬頭來談、
廿五日、晴、家君令御禮板倉へ行、次聖廟へ參、
廿六日、晴、齋了、竹內極﨟(孝治)令同心鞍馬寺へ參、妙壽院へ行、

廿七日、晴、早朝參　內、和漢御會也、予執筆、

和漢聯句御會

(41ウ)かつ散や苔のみとりの初紅葉　御製也

岩蹊聽鹿鳴　西咲　相國寺兌長老

山きはの田つらは霧のうちにして　照高院准后

朝けの月のをちかたの里　關白

倂裝舟競渡　有節

閑話漏知更　閑室　前足利學校今相國寺住僧圓光寺

梅友以文會　以心

窓をひらけば春の淡雪　入道前侍從中納言

風さゆるみきりはかすみ立消て　飛鳥井宰相

按舞蝶衣輕　集元

叢密無人認　秀賢

亥刻滿百、各退出、

禁中賀茂在信に月蝕を問はんとす

秀賢在信と共に三要を訪ふ

廿八日、晴、齋了、勾當局へ參、去八月十五日月蝕刻限午未申云〻、就此義賀茂在信被召

御不審也、予也在信申分可聞置之由勘定也、及晚圓光寺へ在信令同心行、

廿九日、晴、及晩時雨、

十月小

參番
政仁親王に大學授讀

朔、壬ヲ 晴、齋了、參番、實顯(阿野)朝臣代也、午刻親王(政仁親王)御方へ參、奉授大學畢、及晩參御盃、

中院白川來談
親王に參候す
板倉勝重に書狀を遣す
九條邸全齋宅に赴く

二日、晴、中院侍從(通村)・白川侍從(顕成)等來談、次親王御方へ參、次九條殿(忠栄)へ參、次板倉伊州(勝重)へ書狀遣、宗春遣之、入夜全齋へ行、」

全齋來談

(42オ)三日、晴、全齋來談、

女院御所に幸若舞あり

四日、晴、女院參、香若(幸)大夫舞有之、入夜退出、

元冲の遺言により梅谷筆蹟及び大藏一覽を獻上す
大坂に赴く

五日、晴、齋了、勾當御局へ參、南禪寺語心院(悟)冲長老去七月入滅之刻遺言、梅谷筆跡東坡可備叡覽云々、仍件本幷大藏一覽此本去六月ニ冲長老被申請勾當御局へ令持參、令進上畢、次御暇申、大坂へ令下向、伏見浦より乘船、及黃昏水無瀨へ行、數刻令打談、夜半前乘船、大坂へヲ上刻着岸、

平野長治及び存庵を訪ふ

六日、晴、平大炊所(平野長治)へ行、令朝食、次存庵處へ行、

片桐且元を訪ふ

七日、晴、平大炊所令朝食、次存庵へ處行(マヽ)、則令同心片市正(且元)へ行、密柑百五十遣之、則市

秀頼に吳子を講ず
存庵宅に泊す

正令同心秀頼公へ參、密柑二百五十進之、御對面之後、吳子可有御聽聞云〻、則講之、講(42ウ)後有」御振舞、存庵處ニ一宿、

秀頼に吳子を講ず

八日、晴、平野甚左衞門有朝食、午刻秀頼公へ參、吳子令講之、晩湌平遠州(平野長泰)令契約、自城直ニ向彼亭、大炊所ニ一宿、

秀頼に吳子を講ず
且元邸にて饗せらる

九日、辰刻雨降、午前秀頼公へ參、吳子令講、晩湌片桐市正可被振舞、昨日より契約也、仍講後有樂・玄雄・釣庵等令同心、城より直ニ市正亭へ行、入夜存庵宅へ歸、一宿、

秀頼に吳子を講じ了る
秀頼大學の講義を望む
片桐貞隆邸にて饗さる
存庵宅に泊す

十日、晴、巳刻秀頼公へ參、吳子講之、今日終講、則御暇申、明日令上洛由申入處、綾小袖一重・道服等給之、又頓而可罷下、大學可有御聽聞云〻、晩湌片桐主膳正(貞隆)可振舞之由契約也、仍直ニ彼亭へ行、東條紀伊守(行長)・上野志摩守・小林民部少輔等相伴也、入夜存庵處へ歸、」

天王寺見物
勘解由小路在信を訪ふ
半井安立軒を訪ふ
歸路安立軒詩を賦す

(43オ)十一日、晴、存庵令同心入安處へ行、次天王寺へ行令見物、次堺へ行、勘解由小路修理大夫在信杉原十帖令音信請入之間、則向彼亭、數刻打談、歸路、住吉之半井安立軒へ行、內〻可成知音之由雖被示之、拙也無隙之故打過之處、今度堺へ越次可立寄之由存庵誘引之故、路立寄之處、丁寧之振舞共有之、及黃昏欲令歸宅之處、住吉松原へ被送出、被携瓶被酧酒、事外令沈醉、催歸計之處、於路邊安立軒一絕詠云、千年一遇洛陽君　他日文光爲義分　再

沈醉故返詩し得ず
存庵宅に泊す
安立軒に禮狀及び詩を遣す
平野長泰を訪ふ
歸洛す
國賢を訪ひ大坂の狀を談ず
御日待參內
當座和歌
吉田兼英來邸
山中長俊に書狀を遣す
庚申待

會勿忘墨江月　松風吹掃暮天雲云〻、歸程殊沈醉之間、卽時不及答和、無念也、存庵ニ令一宿、

（43ウ）十二日、晴、早朝、令答和、爲禮書狀等安立へ遣、」吟句弄詩風月君　名流淸處渭徑分　情深一遇勝鄕友　去路慕看南浦雲、安立留守之間無返扎、次平遠州へ行令相談、遠州度〻可令下向被示之間、爲是令滯留畢、

十三日、晴、遠州令借馬、上洛、

十四日、晴、今出川殿（國賢邸）へ行、大坂之爲躰令雜談、及晚令行水潔齋、

十五日、晴、齋了、參　內、御日待御とき之故也、曉天脂燭一寸之御當座被遊、御製・關白・也足（中院通勝）等也、予令出題畢、

十六日、晴、御日待後朝也、名所時雨一通　題 松霜有當座、池氷等也、愚也同令詠吟、ほともなく晴しとみしも音は猶しくれてのこる宇治の川波、申刻各退出、

十七日、晴、雖當番、內藏頭（山科言緒）へ令相博不參、次吉田幸鶴丸（兼英）來入、

十八日、晴、山中山城守（長俊）へ書狀遣之、宗春知行處へ遣之、」

（44オ）十九日、晴、齋了、參　內、庚申待御遊也、被召衆、中院入道（通勝）・伯二位（白川雅朝）・鷲尾宰相（隆尚）・正親町三條（實有）・阿野少將（實顯）・四辻少將（季繼）・左衞門佐（秀直）・右中辨俊昌（坊城）・水無瀨中將（氏成）・甘呂寺（豐長）・予等也、爲內

宿番
政仁親王咳氣
冷泉邸に赴く
兼英全齋梅龍軒元賡等來邸
今出川屋敷の一部を債務返濟のため賣却す
國賢及び全齋を訪ふ
百首當座和歌御會
參番
冷泉兄弟來邸
甲子待御遊に參內
清水寺に詣し高臺寺に寄る
通村兼英來邸
冷泉爲賴に大學授讀
鞍馬寺貴船社に參詣
冷泉兄弟來邸
降雪
政仁親王に候す

藏頭代番宿、
廿日、晴、御方御所(政仁親王)樣御咳病氣云〻、仍爲御見舞參、次冷泉亭へ行、次幸鶴丸來入、次全齋來談、次梅龍軒來談、次賡(元賡)侍者來、今出川屋敷八間口・奧貳拾間貳尺之分、家君御借物彼是事外以有之故、全齋へ沽却云〻、如此之段、偏以家君御氣違之爲躰、笑止千萬也、然共借物之爲返齊(濟)、不及是非次第也、
廿一日、晴、暮天家君へ參、次全齋へ行、於　禁中百首御當座有之云〻、十人各十首充云〻、
廿二日、晴、齋了、參番、亥子也、冷泉中將(爲滿)より兩種双樽被贈之、
廿三日、晴、齋了、冷泉侍從(爲賴)・同舍弟藤谷(爲賢)讀書ニ來入、午刻參　內、甲子待御遊也、
廿四日、晴、早朝清水寺觀世音へ參詣、歸路康德寺(高臺寺)令見物、次幸鶴丸來入、冷泉侍從來入、大學授之、次中院侍從來談、
廿五日、晴、齋了、中院侍從令同心鞍馬寺毘沙門天へ參詣、白川侍從同途兩三人步行、歸路貴布禰へ參、入夜歸蓬蓽、」
(44ウ)
廿六日、晴、冷泉侍從兄弟來入、
廿七日、曉天より雪降、巳刻晴、三寸餘積地、及晚御方御所へ參、

政仁親王聖護院に赴く

廿八日、晴、今日巳刻御方御所聖護院宮（興意法親王）へ御成、仍早朝より令支度、御方御所へ參、長袴・肩衣・ちいさ刀、路次之間用之、於聖護院宮各改着烏帽（子脱）狩衣、御供之衆、廣橋大納言（兼勝）・勸修寺中納言（光豊）・伯二位・鷲尾宰相・正親町三條少將・阿野少將・四辻少將・左衛門佐・小川坊城右中辨・中御門右少辨（宣衡）・松木少將（宗信）・猪熊少將（教利）・甘露寺・予等也、中院入道・頭左中辨（廣橋總光）兩人者早朝より聖護院へ被參、三獻參、後御囃有之、入夜還御、

冷泉兄弟兼英通村顯成來邸

廿九日、晴、冷泉侍從兄弟讀書、次幸鶴丸來入、次中院侍從・白川侍從來談、及晩梅龍軒へ行、

十一月大

冷泉兄弟來邸謡本を政仁親王に進上す

（45オ）朔、辛未 冷泉侍從兄弟（爲賴・爲賢）來入讀書、終日雨降、未刻親王（政仁親王）之御方へ」參、謡本二番書之、進上之、及晩御盃ニ參、

參番

二日、晴、參番、關白（近衛信尹）御參、古和漢懐帋共御撰有之、御方御所へ謡本五番書之、進上之、

板倉勝重を訪ふ
冷泉邸歌會
九條邸に赴く
國賢來邸

三日、晴、齋了、板倉伊州（勝重）へ行、密柑百五十進之、次某新屋敷裏の境め椽打之、次冷泉亭へ哥會ニ行、入夜九條殿（忠榮）へ參、次家君（國賢）御出、

女御殿茶壺口切
今中彌三郎を饗す
孝經講義の勅定
國賢を訪ふ
梅龍軒來邸
要法寺上人來邸し新板和漢合運圖を贈らる
孝經進講
國賢邸二條邸九條邸に赴く
政仁親王に參候す
新屋敷造作扶助を請取る
家康九條及び鷹司家に屋敷造作料を給す
政仁親王に候す
眼を病む
板倉の家臣を招く

四日、晴、齋了、御方御所へ參、次參　內、女御殿御壺之口切有之、入夜八條殿(智仁親王)・關白殿・廣橋大納言(兼勝)・勸修寺中納言(光豐)・白川二位(雅朝)・鷲尾宰相(隆尚)・正親町三條(實有)・阿野少將(實顯)・四辻少將(季繼)・左衞門佐(秀直)・右中辨(俊直)・右兵衞佐・予等參候、大酒各沈醉、入夜各退出、
五日、晴、今中彌三郎上洛之間、振舞ニ召、數刻打談、次孝經明後七日より可講之由有勅定、先畏之由勅答申畢、
六日、晴、早朝家君へ參、次梅龍(竹田)來談、次要法寺上人被來、也足軒(中院通勝)同心也、新板和漢合運圖被惠之、蔦一盞、入夜喜多坊(敬俊)來入、」
(45ウ)七日、晴、齋了、參　內、巳刻於御黑戸孝經序分講之、兼而被置見臺、八條宮(智仁親王)・聖護院宮(興意法親王)御兩所御聽聞也、其外四辻少將迄也、
八日、晴、齋了、家君(國賢)へ參、次二條殿(昭實)へ參、次親王御方へ參、次九條殿へ參、次板倉伊賀守手前ヨリ、前將軍(德川家康)ヨリ被下百石御合力米、於伏見被渡之、以金子請取了、右予屋敷新院之依御敷地被召上、爲造酢(作)御扶助也、外聞實義令滿足者也、九條殿(忠榮)御方御所・鷹司殿(信尚)御方御所兩御所へ銀子五百枚宛前將軍より被進之、是又御造作之御合力也、
九日、雨降、親王御方へ參、予眼病、
十日、晴、板倉內荒木三平・三宅傳右衞門兩人朝飯ニ召、數刻打談、酭酒、」

吉田兼英來邸
參番
政仁親王に候す
相國寺秉拂見物に赴く
冬至
來年の筮勘
三陽院正忌
國賢爲滿等來邸
兼英來邸
觀音坊に毛詩授讀
兼英に孝經授讀終了
智惠粥
大黑祭
秀賢室等伏見より歸る
冷泉兄弟に大學授讀
眼病治療
全齋來談
千代丸髮置
兼英に大學授讀
中院通村定家筆跡を持參す

(46オ)十一日、晴、吉田幸鶴丸(兼英)來入、
十二日、晴、參番、數刻於御前先日孝經義理御不審共申上畢、依眼病孝經講不申上、
十三日、晴、親王御方へ參、
十四日、晴、齋了、相國寺秉拂見物ニ行、雖番刻相待不始之間、令歸宅、申刻始云々、喧嘩有之、死人兩人云々、今日冬至也、仍早朝來歳筮勘之、
十五日、晴、三陽院(舟橋枝賢)正忌也、仍令精進、
十六日、晴、家君御出、敬俊、入夜冷泉中將來談、吉田幸鶴丸來入、孝經終、
十七日、晴、依眼病御番御理申入、不參、觀音房(賴玄)來、毛詩序分授之、氷室山手貳石壹斗納之、又小氷室山手貳石納之、請取遣之、
十八日、晴、吉田幸鶴丸來入、孝經文字讀終、仍智惠粥薦之、次宗春自鷄冠井村被歸、所務納所遲々、大黑祭如例年、
十九日、晴、伏見へ女房衆・母堂迎ニ乘物遣之、午刻來入、次冷泉侍從・藤谷御兄來入、大學授之、次目醫師光安召遣、予眼中令療治、次全齋來談、」
(46ウ)廿日、晴、千代丸三男髮置也、爲祝義乳母ニ小袖壹つ遣之、家中祝着如例、次御靈社へ千代丸令參詣、次吉田幸鶴丸來入、自今日大學讀書也、次中院侍從(通村)入來、定家卿筆跡之懸物被

白川顕成來邸板倉勝重に禮狀を遣す
冷泉兄弟來邸
秀賢室發病
冷泉兄弟來邸
土御門久脩に來年の暦を借る
人參及び蓮肉を購む
秀賢誕生日國賢等を招く
白川雅朝より眼病見舞
冷泉爲滿來邸
冷泉兄弟に論語授讀
冷泉爲賴眼醫師中院通村等來邸
性院に見舞の使を遣す
冷泉兄弟來邸
雞冠井村年貢を催促す

見之、次白川(顕成)侍従來入、予眼中爲見舞云〻、次板倉伊州へ先日之爲禮書狀遣之、有返書■
來、雨沃、
廿一日、曉天霙、日三竿之程雪沃、次冷泉侍従・藤谷來入、讀書、次藤侍従(永慶)より土圭被返
之、夜中女房衆依發病、竹田宰相召遣之、則來入、一藥被與得驗畢、
廿二日、晴、早天微雪沃、齋了、冷泉侍従・同藤谷來入、大學文字讀、今日終者也、今日
雖當番眼病未平愈之故、御理申入、不參、次土御門左馬助(久脩)許へ來歳暦借ニ遣之、則到來之
間、家君へ懸御目畢、次薬屋へ人參・蓮肉等取ニ遣之、」
(47オ)廿三日、晴、愚誕生日也、仍家君伺、萱堂・全齋等申入、薦朝飯、次大工源左衞門來、次梅龍
軒來談、薦晩飡之處、又家君・全齋來駕、則薦飡畢、入夜白川二位双瓶御肴贈給、愚眼中
爲見廻云〻、次冷泉中將(爲滿)來駕、閑談及夜半、
廿四日、曉天に雪降、冷泉侍従・藤谷來入、自今日論語文字讀始之、序半分教之、刀之劘(鞘
カ)誂ニ遣之、
廿五日、晴、冷泉侍従來入、讀書也、次目醫師光安來、次中院侍従來入、
廿六日、晴、早天宗春高雄へ性院見舞ニ遣之、次大工源左衞門來、冷泉侍従・藤谷來入、
讀書也、入夜大外記(中原師生)來談云、來廿九日伏見殿親王(貞清親王)宣下云〻、小作雞冠井村へ年貢催促ニ遣

全齋に法華經を返却

之、全齋へ法華經第七卷返之、次目之内藥給之、」

大坂にて材木を調達せしむ
冷泉兄弟來邸

(47ウ)廿七日、晴、黃金代一枚ㇾ銀、次與三郎高尾へ竹取ニ遣之、鵝目百疋遣之、次宗春大工源左衞門召連大坂へ被下、爲材木調法銀子七百目遣之、次冷泉侍從・藤谷來入、讀書也、

竹田宰相に孟子講義
中院通村竹内孝治來談
山科言緒より法華經和歌を借る

廿八日、雨降、竹田宰相來入、予孟子初篇講也、入夜中院侍從來談、次竹内極﨟(孝治)來談、次山科内藏頭(言緒)許より法華經和歌借請寫之、此釋、傳教大師嵯峨天皇之皇后へ被書進釋也と云ゝ、

秀賢室及び母伏見に赴く

廿九日、晴、大工來、酒船之男柱立之、次女房衆・母堂伏陽へ御越、今日小寒節ニ入、

竹田宰相に孟子講義
冷泉兄弟來邸
覺恕法親王三十三回忌詠進歌を求めらる
賴玄に毛詩注本を貸與す

晦日、晴、竹田宰相來、仍予孟子講之、次中院へ歌談合ニ遣之、次冷泉侍從・同弟藤谷來入、(48オ)論吾敎之、」次竹内門主(良恕法親王)より有御使、來二日先師(金蓮院、曼殊院准三后覺恕法親王)三十三回御忌云ゝ、品經之哥可詠進云ゝ、次賴玄方より書狀到來、毛詩注本自十二至十六借遣之、

十二月小

良恕法親王に詠進歌持參
近衞邸國賢全齋を訪ふ
政仁親王に候す

朔、辛丑 晴、齋了、竹内門跡(良恕法親王)へ品經之哥令持參、次關白(近衞信尹)へ參、無塩鯛五進之、數刻御雜談共也、次家君(國賢)へ參、次全齋へ行、次着狩衣御方御所(政仁親王)へ參、次着衣冠御盃ニ參、

參番
大原廣記叡覽

二日、晴、當番、急調朝食、參　內、候御前、數刻御雜談共也、大原廣記勅本被出有叡覽、

材木注文

午刻宗春・大工源左衛門▒大坂より材木相調歸、其注文云、

一九十本　三角　代銀貳拾四匁三分
一六十丁　杉けた　代七匁八分」(48ウ)
一貳拾壹間　松板　代貳拾九匁四分
一六拾本　六寸角　代五十五匁八分
一廿本　川上ひの木　代四十二匁
一六本　二間半ひの木七寸　代貳拾七匁
一貳本　二間二尺檜平物　代拾三匁
一三本　長三間むね木　代八匁五分
一千三百丁　しと　代百六拾三匁八分
一百間　のね板　代卅八匁
一千丁　なみけた　代六拾匁
一五十本　五寸角　代卅六匁」(49オ)
一五十丁　上〻杉桁　代貳拾匁

近衛信尹に古今集謄寫を依頼さる

政仁親王に參候す

智仁親王酒饌獻上

嵯峨に材木を購む

政仁親王に大學授讀

嵯峨材木の價

吉田兼英來邸

一壹本　長さ二間 ひの木一尺　代九匁
一貳拾本　六寸の二丁かけ　代五拾貳匁
一九枚　下川 壹料　代三拾匁
合六百拾六匁七分七リン
右舟ちん七艘分四拾貳匁一艘ニ付而六匁也、
都六百五拾八匁七分七也

三日、晴、大工源左衛門來、近衛大閤（信尹）へ晩飡ニ被召、古今以下眞名序共、依尊命令謄寫進之、件寫本稱名院（三條西公條）（マヽ）二條公之自筆自書也、

四日、晴、齋了、御方御所（政仁親王）へ參、次參　內、八條宮（智仁親王）より禁中へ御盃御進上之故也、」

（49ウ）五日、晴、午刻雨、大工源左衛門嵯峨へ壁栗柱買ニ遣之、次親王樣（政仁親王）へ參、大學奉授之、及晩源左衛門歸、壁柱注文、
一二間栗柱八十本　代八拾四匁
一一間半栗柱卅本　代拾壹匁七分
合九十五匁壹分

六日、晴、吉田幸鶴丸（兼英）來入、

參番
孝經進講

國賢邸全齋宅に赴く
鍬初

兼英全齋來邸
白川雅朝御靈社別當等來邸
政仁親王に參候す

高倉永慶等に大學授讀
冷泉兄弟竹田宰相來邸
政仁親王に大學授讀

參番
女御酒饌獻上
平野長泰來邸
藤原佐理筆跡を見る

長泰と共に近衛邸に赴く
參內
政仁親王に參候す
參內
參內
政仁親王に大學授讀

七日、晴、參番、次於御黑戸孝經開宗明義章より至孝平章講之、主上、四辻少將(季繼)伺御前計也、
(50オ)八日、齋了、家君(國賢)へ參、次全齋へ行、新屋敷」鍬初見ニ行、次從大坂材木共到來、次伏見より佐久間久右衞門女子依煩爲養生來入、全齋一宿、
九日、晴、吉田幸鶴丸來入、全齋來入、次御靈別當・同子息、白川二位(雅朝)被召具、別當子息法眼より二種双樽被惠之、及晚御方御所へ參、入夜全齋來入、一宿、夜半後風吹、曉天雨雪、
十日、雨降、巳刻晴、藤侍從(永慶)來入、双瓶佳肴被惠之、同舍弟長丸來入、大學授之、次冷泉侍從(爲賴)・同藤谷(爲賢)來入、次竹田宰相來入、及晚親王御方へ參、大學奉授之、入夜又親王御方へ」
(50ウ)參、鷹司殿御方御所より御盃御進上、仍各伺候也、
十二日、晴、齋了、參番、女御殿より御盃參、內々衆十人計被召、及晚平遠州(平野長泰)來、也足(中院通勝)手本共被見之、一軸者佐理卿筆無疑者歟、
十三日、晴、遠州滯留、
十四日、晴、遠州爲相伴關白殿へ參、未刻參　內、
十五日、晴、午刻遠州歸宅、次親王御方へ參、次參　內、
十六日、晴、午刻參　內、巳刻親王御方へ參、大學奉授之、

參番
高倉永慶等に授讀
女院に參候す

佐久間久右衛門息女歸る

清水寺祇園社に參詣

當座和歌御會腹痛により缺席す

通村永慶來邸
筆出來す
片桐且元より書狀來る

全齋宅に赴く
政仁親王に大學授讀
參內
禁裏御番結改

國賢等を招く
政仁親王に大學授讀
參內

女院御所煤拂

梅龍軒に招かる
板倉勝重を禮訪す
兼英等來邸

十七日、晴、齋了、藤宰相二男來入、讀書、次參番、次女院（中和門院）へ參、今日內〻衆不殘被召
之、」
（51オ）十八日、晴、齋了、佐久間久右衛門息女歸宅、此中依病惱於予宅養生也、本復之間被歸宅、
次清水寺へ參詣、次祇薗へ參詣、
十九日、晴、於禁中有和歌御當座、予也腹痛之間令故障畢、中院侍從（通村）・藤侍從來入、次筆
結來、筆三對出來畢、次片桐市正（且元）より書狀到來、密柑幷▨繩千把爲普請助成被贈之、
卽返札遣之、
廿日、晴、全齋へ振舞ニ行、齋了、親王御方へ參、大學奉授之、次參　內、庚申待御振舞有之內〻御番缺（結）改、仍
勸修寺より番觸有之、相番之衆、光豐卿番頭・實顯朝臣・宣季・嗣良・予等也、」
（51ウ）廿一日、晴、家君幷萱堂・全齋・梅龍軒（竹田）等朝食薦之、次親王御方へ參、大學奉授之、次參
內、左馬頭御盃進上之、
廿二日、晴、齋、女院へ參、御煤拂也、及晚中院侍從・白川侍從（顯成）令同道、風呂へ入、歸路
中院へ立寄、數刻令雜談畢、
廿三日、晴、梅龍軒へ朝食ニ行、家君・全齋等御出、次板倉伊賀守（勝重）殿へ歲暮之禮ニ行、鵝
目五十疋遣之、次吉田幸鶴丸來入、次長丸讀書ニ來入、次中御門右少辨（宣衡）來云、從五上　勅

中御門宣衡従五位上勅許を告ぐ

許云々、恐悦々々、次冷泉侍従兄弟來入、

政仁親王に大學授讀
參番

(52オ)廿四日、晴、齋了、親王御方へ參、大學奉授之、次參番、甲子待御ときとして御前ニ候、」及夜半有鬮取、予綿三百目・筆三双取之、

北野社參詣
政仁親王に大學授讀終了

廿五日、早々聖廟へ參、次親王御方御煤拂參、次大學奉授之、今日終全部、

禁中煤拂

伏見火災

廿六日、晴、齋了、參　内、御煤拂也、入夜退出、次藤宰相許へ風呂ニ入ニ行、歸路令南望之處、火氣及天、伏見之家共燒失云々、

女院女御殿に成らせらる
女御位階につき勅問

廿七日、晴、早朝令行水鎭宅靈符祭之、次女御殿へ參、女院御成也、獻之及數盃畢、中院入道(通勝)被談云、女御位階女官之內其差別可爲何樣乎之由、二條前關白へ勅問之處、則勅答有(52ウ)之、二條前關白御存分者、女御者尙侍之下、」典侍なとの類と被思召由云々、予及聞處甚相違畢、女御者可爲立后其仰被伺者也、其故於女御者無宦仕之由、見禁祕抄如此之由、愚存令相談畢、中院入道與予同心也、次關白殿被召予、女御之事御尋也、右之旨申入畢、戌下刻

京都吉田火災

自女御殿退出、事外醉、令一睡處、吉田燒亡云々、則見舞ニ行、吉田左兵衛門(兼治)外小家共卅間計燒畢、歸路阿野少將(實顯)令同心、寅刻歸蓬蓽、

借銀返濟

廿八日、晴、借銀共返弁之、或又借之、」

天皇年筮

(53オ)廿九日、晴、主上御年筮、幷左衛門佐(秀直)年筮進之、例年左衛門佐取次也、自女院御使也、次

鮐庵年筮遣之、次大覺寺（空性法親王）殿御年筮進之、及晩女御殿・親王御方・殿下等歳末御禮ニ參、入夜歳暮之御禮ニ參　内、主上女院へ御別殿也、仍女院へ參、女院來年筮面有御尋、於御前巨細申入畢、次家君へ參、則方違、唱鷄鳴歸蓬蓽、子刻令束帶參　内、」

（53ウ）

（空白）」

（十一丁白紙）」

（64ウ）

施食文 毎日、授日用淨盂一盛飯、一盛水、夜靜散施、

奉佛弟子某甲運悲喜心。起平等行。以我本願力。及佛加持力。以此淨食。普施法界婆羅門仙。諸餓鬼衆。曠野鬼神。孤魂滯魄。咸赴我請。無一遺者。願汝一一各得摩伽陀國七七斛食第恐九語難通。當求三寶加被。南無佛陀耶。南無達磨耶。南無僧伽耶三稱　以右手用拇指與中指微曲按器誦甘露眞言　曩謨蘇嚕婆曳達多孽多耶怛儞他唵蘇嚕蘇嚕婆耶蘇▒嚕婆耶蘇嚕薩訶三遍　次誦變食眞言　曩謨薩嚩怛佗孽路嚩路枳帝唵三跋羅三跋囉吽七遍　南無多寶如來。南無妙色身如來。南無廣博身如來　南無離怖畏如來三稱彈指七遍　即將淨水傾於食上。散施云。汝等鬼神衆我今施汝供。七粒遍十方。一切鬼神共汝佛子等受戒此法食。何異阿難飡

常歸佛法僧　頓捨貪癡恚饑腸咸滿　業火頓清涼　念念菩提心　處〻安樂國

按大藏云　阿難中夜忽見焰口餓鬼現前諸言　汝三日後死我趣中　阿難惶怖具陳白　佛
右大藏一覽六ノ巻ニ有之

（65オ）
捋以施食之法　及瞻此厄」　佛言　若比丘〻〻尼優婆塞優婆夷　能是施者　則同供養
百千倶胝如來　非惟延祥益　抑亦成佛之因　厥功不淺〻〻、

（65ウ）
未成交會屢〔日〕通潮
潮信情深如久要
只恨在公莫閑暇
幾度背隱子佳招

未成交會旦〔屢〕通潮
潮信情深如久要
只恨爲〔在〕公愼〔莫〕閑暇
幾回恨疊〔背隱者〕答佳招

昭和五十六年一月七日印刷
昭和五十六年一月十五日発行

史料纂集
慶長日件録 第一
校訂 山本武夫

発行者 太田ぜん
製版所 続群書類従完成会製版部
東京都豊島区北大塚二丁目三三番二〇号
印刷所 株式会社平文社
東京都豊島区北大塚一丁目一四番六号
発行所 株式会社 続群書類従完成会
電話＝東京(915)五六二一七 振替＝東京二―六二六〇七

慶長日件録 第1　　　史料纂集 古記録編〔第60回配本〕
〔オンデマンド版〕

2014年1月30日　初版第一刷発行　　　定価（本体7,000円＋税）

校訂　山本武夫

発行所　株式会社　八木書店 古書出版部
代表 八木乾二
〒101-0052 東京都千代田区神田小川町3-8
電話 03-3291-2969（編集） -6300（FAX）

発売元　株式会社　八木書店
〒101-0052 東京都千代田区神田小川町3-8
電話 03-3291-2961（営業） -6300（FAX）
http://www.books-yagi.co.jp/pub/
E-mail pub@books-yagi.co.jp

印刷・製本　（株）デジタルパブリッシングサービス

ISBN978-4-8406-3263-8　　AI334